PIERRE VILLEY
Maître de Conférences à l'Université de Caen

L'INFLUENCE DE MONTAIGNE

SUR

LES IDÉES PÉDAGOGIQUES

de LOCKE et de ROUSSEAU

PARIS
LIBRAIRIE HACHETTE ET Cⁱᵉ
79, BOULEVARD SAINT-GERMAIN, 79

1911

Droits de traduction et de reproduction réservés

L'INFLUENCE DE MONTAIGNE

SUR

LES IDÉES PÉDAGOGIQUES
de LOCKE et de ROUSSEAU

PIERRE VILLEY

Maître de Conférences à l'Université de Caen

L'INFLUENCE DE MONTAIGNE

SUR

LES IDÉES PÉDAGOGIQUES

de LOCKE et de ROUSSEAU

PARIS

LIBRAIRIE HACHETTE ET Cie

79, BOULEVARD SAINT-GERMAIN, 79

1911

Droits de traduction et de reproduction réservés

DU MÊME AUTEUR

Les Sources et l'Évolution des Essais de Montaigne (HACHETTE et Cⁱᵉ, Paris 1908), 2 volumes in-8° . 20 fr.

Les Livres d'Histoire moderne utilisés par Montaigne (HACHETTE et Cⁱᵉ, Paris 1908) . . . . 6 fr.

Les Sources italiennes de la « Deffense et illustration de la Langue Françoise » (Librairie CHAMPION, Paris 1908) . . . . 5 fr.

Sous Presse

Les Sources d'idées au XVIᵉ siècle (PLON-NOURRIT et Cⁱᵉ, éditeurs).

En Préparation

Les Sources des Essais (Quatrième tome de l'édition municipale des Essais).

L'Influence et la Réputation de Montaigne.

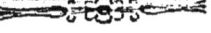

AVANT-PROPOS

Je sais autant que qui que ce soit combien il est délicat de démêler les influences diverses qui se sont exercées sur un écrivain, et d'en mesurer avec équité l'importance. Je sais toutes les précautions qu'il faut apporter à de semblables études. Je n'ignore pas qu'un esprit ingénieux retrouve partout ses auteurs de prédilection.

La pleine conscience que j'ai des difficultés inhérentes à un travail de ce genre servira d'excuse à l'aridité de ce volume. Je voulais démontrer : il a fallu produire des faits en grand nombre et les laisser parler. Quelques affirmations téméraires en ces derniers temps nous ont appris qu'on ne saurait être trop minutieux dans de pareilles enquêtes, ni trop se méfier de soi-même.

Je prépare deux volumes sur l'influence de Montaigne, l'un sur son influence en France, l'autre sur son influence en Angleterre. Les deux études que voici en sont détachées. Elles constituent la meilleure partie de mon enquête sur les théories pédagogiques de Montaigne. Sans doute, le problème le plus intéressant eût été de rechercher ce qui de ses théories a passé dans la pratique, ce que leur ont emprunté les éducateurs des jésuites, de Port-Royal et de l'Oratoire. Ces questions ne m'auraient donné que de fragiles et bien incertaines réponses. A les étudier on constate des ressemblances plus peut-être que des influences. Je les abandonne à des chercheurs plus aventureux, et je me contenterai d'indiquer quelques doutes à leur sujet. En ce qui concerne les doctrines pédagogiques postérieures à Rousseau, je ne me suis pas astreint non plus à apporter ici les résultats de toutes mes enquêtes. Il est trop clair que tout pédagogue, avant d'écrire, s'est senti obligé de lire les chapitres de Montaigne, et que chez la plupart d'entre eux il serait facile de relever quelques réminiscences instructives et beaucoup de ressemblances vaines. Chez tous on peut se donner le stérile plaisir de rechercher du Montaigne. Il n'est pas jusque dans le programme d'éducation que Silvestre Bonnard trace pour sa pupille où quelques expressions ne fassent songer à l'auteur de l'essai *sur l'institution des enfants*. Quand il déclare que « les connaissances qu'on « entonne » de force dans les intelligences les bouchent et les étouffent », l'aimable érudit ne se souvient-il pas d'avoir lu jadis : « On ne cesse de criailler à nos oreilles comme qui verseroit dans un *antonnoir* » ? Et quand il ajoute : « Pour digérer le savoir, il faut l'avoir avalé avec appétit », ne semble-t-il pas nous laisser entendre que parmi ses nombreux volumes, les *Essais*, où il a rencontré de semblables images, lui sont particulièrement chers. Sans aller jusqu'à Silvestre Bonnard, je me suis borné à deux éducateurs qui me paraissent avoir contracté envers Montaigne une dette importante : Locke et Rousseau.

Au reste, il faut enfin qu'on veuille bien comprendre ce que signifient ces recherches d'influences. Quelques personnes protestent encore avec indignation quand nous disons que tel grand écrivain a subi l'influence de quelqu'un de ses devanciers. Il semble que ce soit lui ravir son originalité. Ils écartent *a priori* toute investigation de cette nature. Pourtant, pour délicates qu'elles soient, elles n'en sont pas moins fort instructives. Les exagérations de quelques juvéniles critiques ont seules causé ces défiances. On verra sans peine qu'il ne s'agit pas ici d'accuser Locke ou Rousseau de plagiat. Si tel était mon objet, la plupart des rapprochements qui vont suivre seraient sans force. Mais tous, grands et petits, nous devons beaucoup à nos semblables : sans leur contact, sans l'héritage de nos devanciers, nos idées resteraient à l'état embryonnaire. Quelque génie que nous ayons, des influences s'exercent sur nous et nous aident à le mettre en valeur. Le nombre des similitudes d'idées ou d'expression, voire des réminiscences prouvées où même des emprunts directs, n'est pas ce qui nous intéresse principalement. Il importe surtout de peser ces réminiscences et ces emprunts, de voir la place qu'ils occupent dans les idées de l'écrivain. Tout le problème est là. L'*Emile* une fois écrit, Rousseau aurait pu lire les *Essais* et leur emprunter textuellement vingt exemples pour en illustrer son propre ouvrage, que sa dette envers Montaigne ne serait pas grande. Inversement il aurait pu, sans lui faire un seul emprunt précis, lui devoir la majeure partie de ses idées pédagogiques ; et c'est alors que, bien qu'aucun mot ne la trahit peut-être, l'influence de Montaigne sur Rousseau serait considérable. Nous verrons qu'il n'a fait ni l'un ni l'autre. Nous nous attacherons surtout aux emprunts avoués, qui constitueront comme la base solide, inébranlable de notre étude. Mais nous ne nous en tiendrons pas là. A leur lumière, nous tenterons de démêler, dans la mesure possible, les influences cachées, de conjecturer quel profit Locke et Rousseau ont pu tirer de la lecture des *Essais*. Et c'est là une entreprise périlleuse sans doute, qui réclame beaucoup de circonspection, mais qui jettera peut-être quelque lumière sur le développement de leur pensée.

Si l'originalité de Locke me paraît sortir très amoindrie de cette enquête, je pense qu'il en va tout autrement de celle de Rousseau. Montaigne a contribué largement à l'élaboration de ses idées, je crois l'avoir montré ; mais Rousseau a su réagir contre cette influence, s'en dégager, et bâtir des théories pédagogiques qui sont bien à lui. Quelque personnelle qu'elles soient dans leur forme dernière, il n'était pas sans intérêt de chercher à en éclairer la genèse.

P. VILLEY.

NOTE BIBLIOGRAPHIQUE

Le sujet que je traite dans ce petit livre comporte trois questions : Comparaison de Montaigne avec Locke, de Montaigne avec Rousseau, enfin de Locke avec Rousseau.

Dès la fin du XVIIe siècle, dans sa traduction des *Pensées* de Locke *sur l'éducation*, Pierre Coste avait cité en note des passages des *Essais*, qui mettaient en évidence quelques rencontres frappantes entre Montaigne et Locke. D'autre part, à peine l'*Émile* avait-il paru, le jésuite dom Cajot publiait, sans nom d'auteur, *Les plagiats de M. J. J. R. sur l'éducation* (La Haye et Paris 1765), où un chapitre entier, le quatrième, est consacré aux emprunts de Rousseau à Montaigne (1). L'appendice du même pamphlet présente des *observations touchant le Discours sur le rétablissement des sciences et des arts*. Mais Coste eût pensé faire tort ou même injure à son auteur s'il avait parlé d'influence; au rebours dom Cajot s'obstine à voir partout des plagiats, et prétend établir qu'il n'y a rien d'original dans l'œuvre de Rousseau. Les temps où ils écrivaient l'un et l'autre n'étaient pas favorables à des recherches de ce genre. Leurs enquêtes sont entravées et les résultats en sont faussés par les préjugés qui les dominent. Dom Cajot

---

(1) On peut voir encore Gemma Chinni, *Le fonti del Émile de J.-J. Rousseau*, Napoli, 1908.

surtout, qui néglige beaucoup de ressemblances instructives, multiplie les rapprochements oiseux et les interprète de la manière la plus arbitraire.

Miss Norton a repris ces deux questions dans un ouvrage récent, *The spirit of Montaigne* (Boston et New-York, 1908) (1). Mais miss Norton s'est contentée de signaler quelques ressemblances sans ajouter un mot de commentaire, et en s'interdisant toute appréciation. De plus, je crois que ses listes de rapprochements pèchent par excès quelquefois, et plus souvent par défaut. Il restait de nombreuses additions à y apporter. Enfin et surtout dans l'énumération de quelques passages parallèles, où les emprunts d'idées essentielles se présentent sur le même plan que des similitudes de détail et sont noyés au milieu d'elles, où les ressemblances verbales priment les ressemblances de fond, on ne doit voir que l'amorce de l'enquête que nous nous proposons de faire. Il importait d'y substituer l'étude de l'influence de Montaigne sur Locke et sur Rousseau, de comparer ses principes pédagogiques avec les leurs, de se demander dans quelle mesure ils ont profité de ses suggestions, et la place que ses suggestions occupent dans leurs systèmes respectifs.

On trouvera encore des rapprochements établis entre Montaigne et Locke d'une part, entre Locke et Rousseau d'autre part, dans les éditions des *Pensées sur l'éducation* publiées en 1880 par Quick et par Daniel, et dans la traduction française que M. Compayré a donnée en 1882 du même ouvrage (2).

---

(1) Voir aussi : *The influence of Montaigne* (Boston et New-York 1908).
(2) Voir la deuxième édition, Paris, Hachette, 1903.

On peut consulter également quelques travaux allemands : Mehner, *Der Einfluss Montaignes auf die pædagogischen Ansichten von J. Locke* (Leipzig 1891); Kruger, *Fremde Gedanken in Rousseaus erstem Discours* (Halle 1886) (1); Grützner, *Vergleichung zwischen Rousseaus und Lockes Erziehungsprinzipien* (article de la *Katholische Zeitschrift für Erziehung und Unterricht*, publiée à Dusseldorf, année 1902, pp. 308 et 358). Enfin Arnstœdt, *François Rabelais und sein Traité d'éducation mit besonderer Berücksichtigung der pædagogischen Grundsätze Montaigne's, Locke's und Rousseau's* (Leipzig 1872).

J'ai cité Montaigne d'après l'édition de Bordeaux, actuellement en cours de publication, à laquelle je renvoie. Toutefois, pour les textes qui font partie d'additions de 1595, je n'ai pas reproduit les fantaisies orthographiques du manuscrit, qui ne présentent pour notre objet aucun intérêt. Pour le troisième livre, qui n'a pas encore paru dans l'édition de Bordeaux, à son défaut, je renvoie à la petite édition en sept volumes, de Motheau et Jouaust.

J'aurais désiré citer Locke dans la traduction de M. Compayré, qui est plus exacte que celle de Coste, et qui en reproduit les annotations. Mais quelques expressions, qui se retrouvent identiquement pareilles chez Coste et chez Rousseau (voir en particulier p. 184) m'ont permis d'établir que c'est non dans le texte anglais, mais dans la traduction de Coste, que Rousseau a étudié le traité de Locke. J'ajoute même qu'il a fait probablement usage de la cinquième édition. Nous constaterons, en effet, (voir p. 183) que, suivant toute apparence, c'est

(1) Il ne m'a pas été possible de consulter cette brochure.

par Coste que Rousseau a été informé que Newton portait la tête constamment découverte. Or, Coste n'a inséré cette particularité que dans la cinquième édition (1). Plus la traduction de Coste est infidèle, plus il importait de la préférer, afin de mettre sous les yeux du lecteur le texte même auquel Rousseau a puisé. Il était nécessaire cependant de lui faire connaître aussi le texte réel de Locke. Je l'ai donc cité en note. L'édition suivie est celle du Rev. Canon Daniel, publiée à Londres en 1880. Il y a lieu de noter toutefois que la division en sections ou paragraphes adoptée dans cette édition ne coïncide pas absolument avec celle de Coste. J'ai cité l'*Essai sur l'entendement humain* d'après l'édition de Campbell Fraser (1894), et d'après la traduction de Thurot (1821).

Les citations de Rousseau sont faites d'après l'édition Musset-Pathay.

---

(1) Celle de 1744, qui ne diffère des précédentes que par un petit nombre de corrections et par l'addition de quelques notes. Il y a lieu d'observer que l'édition de 1737, bien qu'elle porte le titre de Cinquième édition, n'est en réalité que la reproduction de la quatrième, celle de 1733. J'en dirai autant des exemplaires qui portent la date de 1743. Coste a présenté l'édition de 1744 comme la cinquième qu'il ait revue et corrigée. On y lit en note, au paragraphe VI : « C'est ce que faisait constamment le célèbre chevalier Newton, comme il me l'a dit lui-même quelques années avant sa mort. »

PREMIÈRE PARTIE

L'INFLUENCE DES IDÉES PÉDAGOGIQUES DE MONTAIGNE SUR CELLES DE JOHN LOCKE

CHAPITRE PREMIER

Montaigne et Locke

S'il est difficile d'étudier l'influence de Montaigne et de la mettre en évidence, c'est d'abord parce que d'une manière générale, il est toujours extrêmement délicat, audacieux même, de chercher à reconnaître et à mesurer l'action d'un esprit sur un autre esprit. Songez un instant à l'embarras que nous éprouvons lorsque nous essayons de déterminer nous-mêmes l'origine de nos propres idées, et vous comprendrez tout de suite combien est périlleuse une pareille entreprise tentée sur des penseurs très différents de nous, loin de nous de plusieurs siècles, qui ont formé leur esprit dans des milieux tout autres, et des milieux dont nous n'avons qu'une image très imparfaite.

Mais avec Montaigne des difficultés particulières s'ajoutent à celle-là. Sa pensée très souple, ondoyante, mobile, a été très diversement interprétée. On l'a tiraillée en tous sens ; chacun y a cherché un aliment pour ses propres conceptions. A vrai dire cela n'est pas absolument particulier à Montaigne. D'autres écrivains ont eu une destinée analogue. Mais pour Montaigne le fait est exceptionnellement frappant. Aucun auteur, je crois, n'a apparu aux générations successives sous des aspects plus variés. Cela tient à ce que l'ouvrage de Montaigne n'expose pas une doctrine, un système aux arêtes fermes. C'est l'image de sa pensée étudiée au jour le jour pendant vingt ans, réfléchie dans ses fluctuations et ses tâtonnements. Et comme il s'est trouvé, en fin de compte, que cette pensée a beaucoup oscillé, beaucoup évolué, qu'elle a voyagé à travers des doctrines très différentes, chaque époque pouvait choisir dans cette série d'attitudes celle qui lui convenait, s'attacher par prédilection à tel ou tel point de vue, organiser les réflexions inorganiques de Montaigne autour de telle ou telle idée qui flattait ses habitudes intellectuelles. Tandis que le XVIIIe siècle se plaisait à voir en Montaigne un destructeur de toutes les croyances et de l'ordre social, d'autres admiraient en lui le plus sage des conservateurs. De pareilles oppositions compliquent singulièrement le problème.

Et il est encore compliqué par ce fait que Montaigne aborde les questions les plus diverses. Aucun sujet ne lui est étranger. Il parle indifféremment de tout ce qui se présente à son esprit, comme il dit lui-même quelque part. Aussi ne suffit-il pas de chercher son influence dans tel ou tel genre déterminé, dans une lignée d'écrivains ; elle peut se retrouver partout.

On ne devra donc pas se contenter de rechercher les interprétations différentes qui ont été données des *Essais* suivant la variété des temps, des lieux, des esprits ; on devra encore, pour mener une enquête méthodique, sérier les questions, se demander, pour chacun des principaux problèmes abordés par Montaigne, quelle a pu être son influence et sur quels auteurs elle a eu chance de s'exercer. Par ses idées sur la pédagogie des enfants, sur la politique, sur la morale, sur la religion, sur la sorcellerie, sur la question, sur la médecine, aussi bien que par ses théories sur le problème de la connaissance, Montaigne s'est fait des disciples. Sur chaque matière, il faudra chercher quels écrivains sont ses débiteurs, et jusqu'où va leur dette.

Je me propose seulement d'entamer une de ces enquêtes, et, parmi tant de pédadogues qui ont demandé plus ou moins consciemment des inspirations à l'essai *de l'institution des enfants*, d'en signaler deux qui lui ont de grandes obligations. Je veux parler de John Locke et de Jean-Jacques Rousseau.

John Locke a pu lire dans sa langue maternelle les *Essais* de Montaigne. Ils avaient été dès 1603 traduits en anglais par Florio, et l'on sait que c'est par la traduction de Florio que Shakespeare les connut (1). Mais s'il a fait usage de la traduction, il a probablement aussi possédé le texte français. Sa culture est très française. Il a fait un long séjour (2) en France. Rentré dans son pays en 1679, il dut le quitter bientôt de nouveau pour suivre son protecteur Shaftesbury en exil. Réfugié en Hollande, il y rencontra des Français, des réfugiés comme lui, des protestants, que la révocation de l'Édit de Nantes avait contraints de s'éloigner, ou des libertins qu'intimidaient les scrupules fanatiques de Louis XIV. Il se trouvait donc de nouveau dans un milieu de culture française. Montaigne y était en honneur. Bayle le citait à tout instant. Locke eut là encore l'occasion de le connaitre et de le pratiquer.

Nous avons la preuve que vers cette époque il a étudié les *Essais*. Il en parle dans son *Journal* (3) à

---

(1) La traduction de Florio avait été réimprimée en 1613 et en 1632.

(2) Il y est resté pendant près de quatre ans (1675-1679), partageant son temps entre Paris et le midi de la France. Précédemment à cette époque, il y avait fait de courts voyages en 1668 et 1671 A partir de 1673 il s'appliqua à l'étude de la langue française, et certainement il la lisait sans peine.

(3) Voir KING, *the Life of John Locke with extracts from his correspondence, journals and common-place books*, 1830, t. I, p. 296.

la date du 14 février 1685. Le jugement qu'il porte sur eux est des plus sévères : « Montaigne, by a gentle kind of negligence clothed in a peculiar sort of good language, persuades without reason : his *Essays* are a texture of strong sayings, sentences, and ends of verses which he so puts together, that they have an extraordinary force upon men's minds. He reasons not, but diverts himself and pleases others : full of pride and vanity ». « Montaigne, avec une sorte de négligence aimable, revêtue d'une belle langue qui lui est propre, persuade sans raison : ses *Essais* sont un tissu de dictons frappants, de sentences, de bouts de vers, qu'il assemble de telle sorte qu'ils frappent vigoureusement les esprits. Il ne raisonne pas, mais il s'amuse lui-même et se rend agréable aux autres, plein d'orgueil et de vanité. » Un pareil jugement nous dispose bien mal à voir dans son auteur un disciple et un imitateur de Montaigne. Aussi la philosophie de Locke ne sera-t-elle pas du tout celle de Montaigne. Nous en sommes dûment avertis dès l'abord. Pour l'instant retenons seulement ce fait que pendant son exil en Hollande, vers 1685, Locke a pratiqué Montaigne. S'il lui refuse tout autre mérite que celui de la forme, et s'il ne voit que vanité dans ses idées, il devra plus tard nous rendre des comptes, et nous dire pourquoi sur tant de points il se rencontre en si parfait accord avec lui.

C'est précisément en Hollande, dans ce milieu français où Montaigne était en honneur qu'il écrivit

(1684, 1685) à Clarke les lettres dont sortirent plus tard les *Pensées sur l'éducation* (1693). Ses principaux ouvrages, au reste, ont été préparés pendant le séjour dans les Pays-Bas ou postérieurement à ce séjour. Aussi ne devons-nous pas être surpris d'y rencontrer des réminiscences très probables des *Essais*.

J'en ai relevé quelques-unes dans le principal des écrits de Locke, celui où il fait preuve de la plus grande originalité, son *Essai sur l'entendement humain*. Dès le début de la préface nous lisons : « Les recherches où l'entendement s'engage pour trouver la vérité sont une espèce de chasse où la poursuite même fait une grande partie du plaisir. » Et cette image, qui se continue à travers plusieurs phrases, que Locke étend avec complaisance, est une image chère à Montaigne, très probablement prise à Montaigne. « Il ne faut pas trouver estrange si gens desesperez de la prinse n'ont pas laissé d'avoir plaisir à la chasse, l'estude estant une occupation plaisante... » dit-il dans l'*Apologie de Sebonde* (1), par exemple.

Dans une autre de ses préfaces (2) Locke nous dit encore : « La plupart des questions et des controverses qui embarrassent l'esprit humain dépendent de l'usage douteux et incertain qu'on fait des

---

(1) II. 12, éd. de Bordeaux, page 238.
(2) Préface de la quatrième édition. « The greatest part of the questions and controversies that perplex mankind depending on the doubtful and uncertain use of words.

mots. » Et plus loin : « Je me suis mis dans l'esprit depuis longtemps qu'il pourrait bien être que la plus grande partie des disputes roule plutôt sur la signification des mots que sur une différence réelle qui se trouve dans la manière de concevoir les choses... c'est de là que dépend la plus grande partie des disputes où les hommes s'engagent avec tant de chaleur (1). N'avons-nous pas là un écho d'une page fameuse de Montaigne et qu'on a souvent citée : « Nostre parler a ses faiblesses et ses défauts comme tout le reste. La plupart des occasions des troubles du monde sont grammairiennes. Nos procez ne naissent que du débat de l'interpretation des lois, et la plupart des guerres de cette impuissance de n'avoir sceu clairement exprimer les conventions et traitez d'accord des princes. Combien de querelles et combien importantes a produit au monde le doute du sens de cette syllabe : hoc (2).

Et comparez encore les textes que voici : Sur l'imprécision des idées Locke nous dit (3) : « Les noms des idées fort complexes comme sont pour la

---

(1) III, IX, 16 et 17. I (who had been used to suspect that the greatest part of disputes were most about the signification of words than a real difference in the conception of things)... How much this is the case in the greatest part of disputes that men are engaged so hotly in...

(2) II, XII, éd. de Bordeaux, t. II, p. 262.

(3) III, IX, 6. « Men's names of very compound ideas, such as for the most part are moral words, have seldom in two different men the same precise signification, since one man's complex idea seldom agrees with another's and often differs from his own, from that which he had yesterday, or will have to-morrow.

plupart les termes de morale ont rarement la même signification précise dans l'esprit de deux différentes personnes, parce que l'idée complexe d'un homme convient rarement avec celle d'un autre et qu'elle diffère souvent de celle qu'il a lui-même en divers temps, de celle par exemple qu'il avait hier ou qu'il aura demain. » Et Montaigne (1) : « Jamais deux hommes ne jugèrent pareillement la mesme chose, et est impossible de voir deux opinions semblables exactement, non seulement en divers hommes, mais en mesme homme en diverses heures. »

Sur l'impossibilité de définir, Locke dit encore (2) : « Je ne m'arrêterai pas ici à prouver que tous les termes ne peuvent pas être définis par la raison du progrès à l'infini où nous nous engagerions visiblement si nous reconnaissions que tous les mots peuvent être définis, car où s'arrêter s'il fallait définir les mots d'une définition par d'autres mots... » Montaigne en exprimant la même idée avait donné un exemple pour mieux faire comprendre sa pensée (3) : « Une pierre c'est un corps ; mais qui presseroit : et corps, qu'est-ce ? substance. Et substance, quoi ? ainsi de suite, acculeroit enfin le respondant au bout de son calepin. On eschange un

---

(1) III, xiii, au début.

(2) « III, iv, 5. I will not here trouble myself to prove that all terms are not definable, from that progress in infinitum, wich it will visibly lead us into, if we should allow that all names could be defined. »

(3) III, 13, éd. Jouaust, t. VII, p. 9

mot pour un autre, et souvent plus incogneu : je sçay mieux que c'est qu'homme, que je ne sçay que c'est animal, ou mortel ou raisonnable... »

Sur l'utilité de la mémoire : « Son défaut, dit Locke, rend nos autres facultés presque inutiles (1) ». Montaigne avait écrit : « Je crains que ce défaut, s'il est parfaict, perde toutes les functions de l'âme (2) ».

Sur les commentaires : « Ce mal, dit Locke..., s'est insinué dans ce qui intéresse le plus la vie et la société humaine, ayant embrouillé les vérités les plus importantes du droit et de la théologie et jeté le désordre et l'incertitude dans les affaires du genre humain... A quoi ont servi la plupart des commentaires et des controverses sur les lois de Dieu et de l'homme, qu'à en rendre le sens plus douteux et plus embarrassé? Combien de distinctions curieuses multipliées sans fin, combien de subtilités délicates a-t-on inventées, et qu'ont elles produit que l'obscurité et l'incertitude en rendant les mots plus inintelligibles, et en dépaysant davantage le lecteur. Autrement, d'où viendrait qu'on entend si facilement les princes dans les ordres qu'ils donnent communément de bouche ou par écrit, et qu'ils sont si peu intelligibles dans les lois qu'ils prescrivent à leurs peuples ? Et n'arrive t-il pas souvent... qu'un

---

(1) II, x, 8. « Where it (memory) is wanting, all the rest of our faculties are in a great measure useless. »

(2) II, 17, éd. de Bordeaux, p. 431.

homme d'une capacité ordinaire, lisant un passage de l'Ecriture ou une loi, l'entende fort bien jusqu'à ce qu'il consulte un interprète ou un avocat, qui après avoir employé beaucoup de temps à expliquer ces endroits fait en sorte que les mots ne signifient rien du tout ou qu'ils signifient tout ce qu'il lui plaît (1) » Il faudrait rapprocher de ce passage de Locke tout le début de l'essai *De l'expérience*. J'en détache seulement quelques phrases : « Pourquoy est-ce que nostre langage commun, si aisé à tout autre usage, devient obscur et non intelligible en un contrat et testament ; et que celuy qui s'exprime si clairement, quoy qu'il die et escrive, ne trouve en cela aucune maniere de se declarer qui ne tombe en doubte et contradiction ?... En semant les questions et les retaillant, on faict fructifier et foisonner le monde en incertitude et en querelles... Nous doubtions sur Ulpian, redoutons encore sur Bartolus

---

(6) III, x, 12. « This mischief... hath invaded the great concernments of human life and society ; obscured and perplexed the material truths of law and divinity ; brought confusion, disorder, and uncertainty into the affairs of mankind... What have the greatest part of the comments and disputes served for, but to make the meaning more doubtful, and perplex the sense ? What have been the effect of those multiplied curious distinctions, and acute niceties, but obscurity and uncertainty, leaving the words more unintelligible, and the reader more at a loss ? How else comes it to pass that princes, speaking or writing to their servants, in their ordinary commands are easily understood ; speaking to their people, in their laws, are not so ? And... doth it not often happen that a man of an ordinary capacity very well understands a text, or a law, that he reads, till he consults an expositor, or goes to counsel ; who, by that time he has done explaining them, makes the words signify either nothing at all, or what he pleases. »

et Baldus. Il falloit effacer la trace de cette diversité innumerable d'opinions, non poinct s'en parer et en entester la posterité. Je ne sçay qu'en dire, mais il se sent par experience que tant d'interpretations dissipent la verité et la rompent. Aristote a escrit pour estre entendu : s'il ne l'a peu, moins le fera un moins habile et un tiers que celuy qui traite sa propre imagination... Qui ne diroit que les gloses augmentent les doubtes et l'ignorance, puisqu'il ne se voit aucun livre, soit humain, soit divin, auquel le monde s'embesongne, duquel l'interpretation fasse tarir la difficulté ?... Nous obscurcissons et ensevelissons l'intelligence ; nous ne la descouvrons plus qu'à la mercy de tant de closures et barrières (1) ».

Sur l'inégalité des intelligences Locke déclare : « Il se rencontre dans les divers entendements, dans les conceptions et les raisonnements des hommes une si grande variété de degrés, qu'on peut assurer sans faire tort au genre humain qu'il y a une plus grande différence à cet égard entre certains hommes et d'autres hommes qu'entre certains hommes et certaines bêtes (2) ». Montaigne : « Plutarque dit en quelque lieu qu'il ne trouve point si grande diffe-

---

(1) III, 13, p. 5-7.

(2) IV, xx, 5. « There is a difference of degrees in men's understandings, apprehensions, and reasonings, to so great a latitude, that one may, without doing injury to mankind, affirm, that there is a greater distance between some men and others in this respect, than between some men and some beasts. »

rence de beste à beste, comme il trouve d'homme à homme... J'encherirois volontiers sur Plutarque, et dirois qu'il y a plus de distance de tel homme à tel homme qu'il n'y a de tel homme à telle beste (1) ».

De ces rapprochements, qui d'ailleurs ne sont pas tous également probants, je ne conclus pas que la pensée de Montaigne a exercé une influence notable sur l'essai de Locke. Il faudrait pour cela que ses rapprochements portent sur des idées essentielles de l'essai, ce qui n'est pas. Je ne veux que constater chez Locke quelques réminiscences de Montaigne, et y reconnaître une preuve nouvelle qu'avant 1690, date de la publication de l'essai, Locke avait pratiqué Montaigne.

Comme Montaigne, Locke s'est occupé de questions très diverses. Médecin de profession, il n'est connu par aucun ouvrage de médecine. Il a écrit principalement sur la politique, la religion, la pédagogie et la philosophie.

En politique et en religion l'attitude de Locke est très différente de celle de Montaigne, et l'on ne voit pas qu'il ait pu rien demander à son devancier. Tous les deux ont vécu dans des époques troublées et où les problèmes politiques et religieux agitaient les esprits et déchaînaient les passions. Les guerres entre protestants et catholiques, dans la France du XVIe siècle, mettaient perpétuellement en danger

---

(1) I, 42, éd. de Bordeaux, p. 333. Montaigne répète la même affirmation dans l'essai II, 12.

l'autorité royale. Un siècle plus tard, en Angleterre, Locke assistait à la révolution de 1648, à la restauration des Stuarts, aux tentatives de Jacques II pour rétablir le catholicisme en Angleterre, aux rivalités des whigs et des tories. Montaigne s'était retiré dans son château. Locke, sinon en personne, du moins indirectement, par son patron Shaftesbury, se trouvait mêlé à l'action. Montaigne avait déclaré la raison humaine impuissante à choisir entre les doctrines religieuses aussi bien qu'entre les théories politiques, et c'est sur cette impuissance, comme sur la crainte de tout « remuement », qu'il avait fondé son conservatisme. Locke avait plus de confiance dans la pensée. Loin de s'arrêter à ce conservatisme timide, il bâtissait une théorie du gouvernement civil en opposition avec celle de Hobbes. On la trouve dans son *Traité du gouvernement civil* où se formulent toutes les aspirations des whigs, et aussi dans sa *Lettre sur la tolérance* qui, assez hardie pour son époque, étend à tous la liberté de conscience à l'exception des athées et des papistes. Dans aucun de ces deux ouvrages (on pouvait le prévoir), je n'ai senti passer l'influence de Montaigne. Et je ne l'ai pas trouvée davantage dans le livre où Locke a exposé ses idées religieuses, *Reasonabilness of christianity*. Montaigne avait accepté en bloc tous les dogmes de sa religion, parce qu'il avait senti que les examiner à la lumière de la raison et vouloir choisir parmi eux, c'eût été ébranler et ruiner l'édifice tout entier. Locke, au contraire, applique sa raison individuelle à chacun des éléments de la croyance chrétienne ; il choisit parmi eux, écarte ceux-ci, retient ceux là, et constitue ainsi un corps de doctrine, qu'il accepte comme sien et qu'il cherche à faire triompher autour de lui.

En philosophie, Locke s'adonne à faire l'analyse de nos idées, à expliquer leur origine et leur formation. Aux grandes théories métaphysiques, il substitue l'étude expérimentale de l'esprit humain. C'est assez dire que, malgré l'influence que Descartes semble avoir exercée sur lui, il est beaucoup plus éloigné du point de vue de Descartes et de Malebranche que de celui de Montaigne. Montaigne en effet, avait dédaigné les grandes hypothèses, et il s'était attaché au problème de la connaissance, en se plaçant, pour l'étudier, au point de vue de l'expérience. L'*Apologie de Raimond Sebonde*, l'essai *De l'expérience* et quelques autres essais qui traitent des sujets analogues, ont pu aider Locke à prendre conscience de ses propres conceptions. Voilà pourquoi l'*Essai* de Locke *sur l'entendement humain* fait souvent penser à Montaigne. Le titre n'en est pas la principale cause. Mais si Montaigne a pu suggérer à Locke quelques observations de détail, s'il a pu fortifier en lui le sentiment de la relativité de notre connaissance, ce n'est pas à Montaigne le moins du monde que Locke doit son dessein si original de faire en quelque sorte la physiologie de l'esprit humain, et son enquête si vaste, si pénétrante, si précise déjà sur bien des points, laisse loin derrière elle les réflexions éparses de Montaigne.

Je n'en dirai pas autant de ses idées pédagogiques. Ce que Locke me semble avoir apprécié chez Montaigne, c'est son art de guider l'esprit dans la recherche de la vérité, sa prudente méthode, son hygiène intellectuelle, si je puis dire, pour former et conduire le jugement dans la bonne voie. Il rappelle en cela son compatriote Bacon qui, certainement, a profité des idées de Montaigne plus pour construire sa méthode expérimentale que lorsqu'il écrivait ses propres essais. A Locke comme à Bacon, Montaigne apparaît surtout comme un homme de jugement et de bon sens, très avisé pour échapper à l'erreur, très souple pour se dégager des préjugés, très psychologue pour communiquer aux autres les procédés par lesquels il a su se mettre en garde contre les causes ordinaires d'erreur. Aussi je retrouve des conseils chers à Montaigne dans un petit opuscule que Locke a intitulé : *De la conduite de l'esprit dans la recherche de la vérité*.

Je ne m'attarderai pas à analyser cet opuscule dont la composition est sans doute de plusieurs années postérieure à celle des *Pensées sur l'éducation*. Presque à chaque page, irrésistiblement il évoque le souvenir de Montaigne et de Bacon. C'est le plus attachant des écrits de Locke par la finesse de l'observation et sa pénétrante justesse. N'y cherchez pas un traité dogmatique, solidement composé. Ce n'est qu'une collection de remarques sur les défauts habituels de l'esprit et de conseils pour les éviter. Locke a reconnu lui-même (1) qu'en tout ceci, l'auteur du *Novum organum* était son devancier. Le ton, simple et familier, est beaucoup plus celui de Montaigne que celui de Bacon. Le but aussi qu'il se propose est non de faire avancer la science, ce qui est la préoccupation constante de Bacon, mais de disposer les esprits à la recevoir et de les habituer à raisonner juste dans le cours ordinaire de la vie. Enfin parmi toutes les recettes que donne Locke, beaucoup se trouvaient déjà dans les *Essais*.

Certes on n'y retrouvera pas le même éloge des mathématiques. Aux yeux de Locke, l'étude des mathématiques est la plus fructueuse des disciplines pour l'esprit. Il voudrait voir les gens du monde en faire leur distraction ordinaire et y consacrer une bonne partie de leurs loisirs (2). Que de points communs en revanche ! Critique du principe d'autorité, haine du pédantisme, souci de cultiver le jugement bien plus que la mémoire, de le défendre contre les passions, de l'obliger à examiner ses principes, de le meubler d'idées justes et nombreuses, de le tenir à l'abri des ergotismes de l'école, grande importance attachée à la lecture et même manière de la comprendre, etc.

Il faudrait faire de nombreuses citations pour mettre en évidence ce parallélisme entre les méthodes

---

(1) Voir par. 1.
(2) Par. 2.

que Montaigne et Locke préconisent pour conduire l'esprit. Je me contenterai de l'avoir indiqué. Rarement d'ailleurs à la ressemblance des idées s'ajoute une similitude frappante dans l'expression, qui prouve l'influence directe de Montaigne. Pourtant quand Locke, tourne en dérision, comme Montaigne aimait tant à le faire, les pédants qui avec leurs ergotismes et leurs fausses méthodes parviennent à démontrer toutes les fantaisies de leurs imaginations malades, il se souvient évidemment des *Essais*. « Un alchimiste, écrit-il, allégorisera toute la Bible et il y trouvera la pierre philosophale dans les mystères que Dieu nous a révélés (1) ». Il avait lu dans l'*Apologie de Sebonde* : « Il n'est aucun sens ny visage, ou droict, ou amer, ou dur, ou courbe, que l'esprit humain ne trouve aux escrits qu'il entreprend de fouiller. En la parole la plus nette, pure et parfaicte qui puisse estre, combien de faucété et de mensonge a l'on fait naistre ? Quelle heresie n'y a trouvé des fondements assez et tesmoignages, pour entreprendre et pour se maintenir... Un personnage de dignité, me voulant approuver par authorité cette queste de la pierre philosophale où il est tout plongé, m'allegua dernierement cinq ou six passages de la Bible, sur lesquels il disoit s'estre premierement fondé pour la descharge de sa conscience (car il est de profession ecclesiastique) ; et, à la verité, l'invention n'en estoit pas seulement plaisante, mais

---

(1) Par. 5.

encore bien proprement accommodée à la deffence de cette belle science (1) ». Je retrouve encore, chez l'un et chez l'autre une même image pour exprimer l'inconstance des hommes. « Semblables au caméléon, dit Locke, ils prennent la couleur de tout ce qui les environne et ils en changent sitôt qu'un nouvel objet les approche (2) ». Montaigne avait écrit de même : « Nous... changeons comme cet animal qui prend la couleur du lieu où on le couche (3) ».

Quoi qu'on veuille penser de ces détails et de quelques autres qu'on y pourrait joindre, il ne pourrait en aucune sorte être question de prétendre que Locke a fait des emprunts à Montaigne, qu'il l'a imité volontairement. Je crois seulement qu'il s'est nourri des *Essais* et qu'il a profité de leurs leçons pour élaborer ses propres idées. Peut-être ne les relit-il plus à la fin de sa carrière : il semble être assez loin du texte de Montaigne et n'en retrouve plus les mots. Mais l'identité des idées fait supposer qu'à une époque quelconque un commerce a existé entre ces deux esprits. C'est une impression qui s'impose fortement à la lecture de l'essai *sur la conduite de l'esprit*. Nous serons disposés à nous y

---

(1) II, 12, éd. de Bordeaux, p. 345.
(2) Par. 27.
(3, II, 1, éd. de Bordeaux, p. 3. Remarquons toutefois que Montaigne doit cette image à Plutarque. Locke a pu la prendre directement chez Plutarque. Toutefois, comme il ne semble pas lire ordinairement Plutarque, il n'est pas improbable qu'il la doit à Montaigne.

abandonner sans réserve quand nous aurons vu combien les *Pensées* de Locke *sur l'éducation* doivent à Montaigne. A tout prendre, les mêmes principes qui ont dicté les *Pensées sur l'éducation* dominent encore l'essai *sur la conduite de l'esprit*. Là Locke en tire les applications qui conviennent aux enfants, ici celles qui concernent les hommes faits. L'inspiration est la même ; si Montaigne est pour quelque chose dans le premier de ces écrits, il ne saurait être étranger au second.

CHAPITRE II

Les pensées sur l'Éducation
Critique des Méthodes en usage

Montaigne avait écrit son essai *De l'institution des enfants*, sur la demande de la comtesse de Gurson, Diane de Foix. Il le destinait au fils de cette dame. Il se proposait donc essentiellement de tracer un programme d'éducation pour un jeune gentilhomme. Et sans doute, en écrivant, entraîné par son sujet, il élargit parfois son horizon ; il donne des conseils dont tous, même les roturiers, peuvent tirer profit. Mais il est manifeste que, dans l'ensemble, il n'a pas perdu de vue le but qu'il s'était proposé. A chaque instant un mot, une allusion, un précepte indiquent nettement qu'il s'adresse à la noblesse française. « A un enfant de maison, nous dit-il, qui recherche les lettres non pour le gaing... ny tant pour les commoditez externes que pour les siennes propres, et pour s'en enrichir et parer au dedans... Je voudrois aussi qu'on fust soigneux de luy choisir un conducteur qui eust plustost la teste bien faicte que bien pleine... (1) ».

Locke ne se propose pas autre chose. S'il se mêle d'écrire sur cette matière, c'est parce qu'il a été chargé de l'éducation d'un jeune gentilhomme, et que cette expérience lui a suggéré d'utiles réflexions. Le système qu'il a employé peut profiter à la noblesse anglaise tout entière. C'est donc à la noblesse qu'il pense, il lui destine son livre. « Comme je n'ai eu ici, dit-il dans sa conclusion, que quelques vues générales par rapport à la fin principale de l'éducation, et cela en faveur du fils d'un gentilhomme de mes amis qui était alors fort jeune, et que je ne considérais pour cet effet que comme du papier blanc, ou de la cire, sur quoi l'on peut imprimer ce qu'on veut, je ne me suis guère attaché à autre chose qu'à traiter les points généraux que j'ai jugés nécessaires pour l'éducation d'un jeune gentilhomme de son rang ». Et dans sa préface : « On devrait surtout prendre soin de l'éducation des jeunes gens de bonne maison, car si les personnes de ce rang sont une fois bien élevées, elles mettront bientôt tout le reste dans l'ordre. Voilà ce qui m'a engagé à composer ce petit ouvrage... Je suis si peu entêté des choses que j'avance dans cet ouvrage que je ne serais nullement fâché que des personnes plus capables de traiter cette matière voulussent composer à l'usage de notre noblesse anglaise, un traité

(1) I, XXVI, éd. de Bordeaux, p. 193.

complet sur l'éducation dans lequel ils corrigeassent les fautes où je puis être tombé ; car je souhaite avec beaucoup plus de passion que nos jeunes gens de qualité apprennent les moyens les plus propres à se former aux bonnes choses..., que de voir qu'on approuve les sentiments que j'ai sur cette matière ; quoi qu'il en soit, vous pourrez toujours me rendre ce témoignage, que la méthode que je propose dans ce livre, a eu un succès extraordinaire dans la personne du fils d'un gentilhomme de notre connaissance ». Et le traducteur Coste explique très bien dans quelle mesure les non-nobles peuvent eux aussi faire leur profit des idées de Locke : « Il est certain que cet ouvrage a été particulièrement destiné à l'éducation des gentilshommes ; mais cela n'empêche pas qu'il ne puisse servir aussi à l'éducation de toute sorte d'enfants de quelque condition qu'ils soient ; car, si vous exceptez ce que l'auteur dit des exercices que doit apprendre un jeune gentilhomme, presque toutes les règles qu'il donne sont universelles ».

Ainsi, de part et d'autre, le but est bien le même. Et ce but commun Locke ne l'a pas emprunté de Montaigne. Ils le doivent l'un et l'autre aux circonstances. Cette conformité devait presque nécessairement amener des rencontres entre eux. Il ne se pouvait guère que, leurs intentions étant pareilles, ils n'en vinssent pas à exprimer quelquefois les mêmes idées. On ne doit pas perdre de vue cette remarque afin de ne pas exagérer la part d'influence de Montaigne. En revanche, n'oublions pas non plus qu'une semblable communauté de points de vue avait une autre conséquence : elle permettait à Locke de profiter plus largement des suggestions de Montaigne et de son expérience. L'essai *De l'Institution des enfants* était capable de l'intéresser bien davantage qu'un traité destiné à l'éducation des non-nobles. Or nous avons vu, par les emprunts déjà cités, que Locke connaissait Montaigne et qu'il pratiquait des *Essais*. Si cette preuve nous faisait défaut, nous en aurions une autre, décisive elle aussi, dans ce fait que dans un chapitre de son traité *sur l'éducation des enfants*, Locke, qui pourtant ne mentionne presque jamais ses sources, nomme expressément Montaigne, et qu'en le nommant il lui fait un emprunt (1). Le parallélisme que nous allons relever entre leurs idées n'est donc pas fortuit. Il ne saurait pas l'être. Il est si frappant que le traducteur de Locke, Coste, l'avait déjà remarqué. Le hasard a voulu que ce traducteur de Locke fût en même temps l'un des principaux éditeurs de

---

(1) Voir ch. IX, par. 94. Il faut remarquer que le souvenir de LOCKE n'est pas tout à fait exact. « I remember, dit-il, MONTAIGNE says, in one of his *Essays*, that the learned Castalio was fain to make trenchers at Bâle, to keep kimself from starving, when his father would have given any money for such a tutor for his son, and Castalio have willingly embraced such an employment upon very reasonable terms; but this was for want of intelligence. (Ed. DANIEL, p. 91) MONTAIGNE (essai I. 33, éd. de Bordeaux, p. 295), ne parle point de tranchoirs ; il ne dit pas expressément que son père eût volontiers engagé Castallon comme précepteur. Tous les rapprochements qui vont suivre nous invitent d'ailleurs à penser que LOCKE, en écrivant ses *Pensées sur l'éducation*, n'avait pas le livre de MONTAIGNE sous les yeux.

Montaigne. Coste qui connaissait parfaitement les *Essais* (1), cite à chaque instant des passages de Montaigne en note de sa traduction, accusant ainsi la dette de l'auteur anglais envers son devancier. Il ne s'agit pas, au reste, d'emprunts textuels, mais seulement de réminiscences, de réminiscences plus ou moins conscientes suivant les cas, parfois sans doute tout à fait inconscientes. A la différence de Montaigne, qui souvent copie ses sources, Locke ne transcrit pas en les traduisant les mots des écrivains dont il s'inspire. La lecture de Montaigne a aidé Locke à développer ses propres idées, à s'en rendre maître, voilà tout.

Les idées pédagogiques de Montaigne sont toutes inspirées par un souci de réaction contre les méthodes en usage dans les collèges du XVIe siècle. Il proteste contre les habitudes de contrainte et de violence qui s'y perpétuaient, et plus encore contre la culture toute formelle qu'on y donnait, contre l'érudition vaine que l'enthousiasme de la Renaissance pour les sciences anciennes avait mise en honneur, et dont on surchargeait les mémoires sans profit pour les esprits. Les jeunes gentilshommes, pensait-il, puisqu'ils ne sont pas appelés à exercer une profession, n'ont pas besoin de science, mais d'intelligence et de curiosité d'esprit, d'endurance physique, de bonnes manières, de vertu, et il avait

---

(1) Son édition des *Essais* est pourtant de près de vingt ans postérieure à la première édition de sa traduction des *Pensées sur l'éducation*.

compris par l'exemple de ses amis et par son expérience propre, que ses pareils ne pouvaient emporter du collège que le dégoût des lettres et qu'ils n'en retiraient aucun profit dans la conduite ordinaire de la vie. Pour réagir contre cet abus, il conseille à la comtesse de Gurson de ne pas envoyer son fils au collège, mais de le confier à un gouverneur particulier, un gouverneur qui devra être plus judicieux que savant, qui s'efforcera de donner à son disciple ce qui peut lui servir dans sa vie de grand seigneur et lui assurer le bonheur, c'est à dire un corps robuste, un cœur loyal, un esprit droit et bien préparé par la connaissance des hommes et l'habitude des manières polies, à lui rendre agréable et fructueux le commerce du monde.

Nous allons voir que les idées de Locke sont tout à fait semblables et nous allons trouver chez lui la même réaction contre une culture trop pédantesque et formaliste, en faveur d'une instruction plus utilitaire, mieux adaptée aux besoins de la noblesse. Il ajoute au programme de Montaigne, il le développe, il le précise sur quelques points; peut-être ne l'eût-il contredit sur aucun. En tout cas, dans les grandes lignes ils sont absolument d'accord.

L'un des principaux griefs de Locke contre l'enseignement des collèges, c'est la dureté des maîtres. Il veut qu'on n'ait que très rarement recours aux châtiments (1). Qu'on ne lui objecte pas

---

(1) Voir les chapitres III et VIII.

que certains enfants sont d'un naturel si intraitable qu'on ne peut pas en venir à bout par la douceur. Il « appréhende bien que cette objection ne vienne que des collèges, et d'une coutume invétérée qui a empêché d'éprouver les voies de douceur avec les précautions nécessaires dans les occasions où l'on pourrait les mettre en usage (1) ». « Les châtiments rudes ne sauraient produire que fort peu de bien, et ils causent au contraire beaucoup de mal; et je suis persuadé qu'à tout prendre, on trouvera que les enfants qui ont été fort châtiés deviennent rarement gens de bien (2) ». Je ne veux pas « disait Montaigne de son disciple » qu'on l'abandonne à la colère et humeur mélancholique d'un furieux maistre d'escole..., ny ne veux gaster ses meurs genereuses par l'incivilité et barbarie d'autruy (3) ». Il montre ailleurs (4) que les châtiments sont infligés le plus souvent avec passion, et que la passion leur ôte toute valeur. C'est une idée que Locke a reprise et développée à son tour : « Comme

---

(1) Ch. VIII, par. 89. « This, I fear, is nothing but the language of ordinary schools and fashion, which have never suffered the other to be tried as it should be, in places where it could be taken notice of. »

(2) Ch. III, par. 44. « I am very apt to think that great severity of punishment does but very little good, nay, great harm, in education ; and I believe it will be found that, cæteris paribus, those children, who have been most chastised, seldom make the best men. »

(3) I, 26, éd. de Bordeaux, p. 212.

(4) II, 31.

il faudrait recourir très rarement aux coups pour châtier les enfants, je crois qu'il est peut-être d'une aussi dangereuse conséquence de leur faire de fréquentes réprimandes, et surtout, si elles sont accompagnées de passion. Rien n'est plus propre à diminuer l'autorité des parents et le respect que les enfants ont pour eux ; car vous devez savoir (et je vous prie de vous en bien ressouvenir) que les enfants démêlent bientôt la différence qu'il y a entre la passion et la raison. Comme ils ne peuvent que respecter tout ce qui vient de la part de la raison, aussi conçoivent-ils d'abord du mépris pour tout ce qui n'est qu'un effet de la passion, ou, s'ils en sont émus et épouvantés sur-le-champ, cette impression s'évanouit bientôt, et une espèce d'instinct naturel leur apprendra facilement à mépriser tous ces vains éclats qui ne sont fondés sur rien de solide (1) ». Il ajoute que, pour ne pas se laisser saisir par la passion, on doit s'imposer comme règle de ne jamais frapper un enfant au moment où on le surprend en faute. Tous les deux d'ailleurs, Montaigne et Locke, sont d'accord pour reconnaître que deux vices seuls

---

(1) Ch. VIII, par. 79. « As children should very seldom be corrected by blows, so I tink frequent and especially passionate chiding of almost as ill consequence. It lessens the authority of the parents, and the respect of the child ; for I bid you still remember, they distinguish early betwixt passion and reason: and as they cannot but have a reverence for what comes from the latter, so they quickly grow into a contempt of the former: or if it causes a present terror, yet it soon wears off, and natural inclination will easily learn to slight such scare-crows which make a noise, but are not animated by reason. »

peuvent justifier l'emploi des coups : l'opiniâtreté et le mensonge (1).

Locke énumère les raisons pour lesquelles les châtiments lui paraissent dangereux (2). Sur les quatre qu'il indique, trois avaient été déjà signalées par Montaigne. Les châtiments, dit-il, produisent naturellement dans l'esprit des enfants de l'aversion pour les choses qu'on doit chercher à leur faire aimer. Il les dégoûtent des livres, par exemple, comme disait Montaigne. En second lieu, châtier est user d'un traitement servile, qui rend aussi le tempérament servile et lui ôte toute franchise. En troisième lieu, c'est un traitement qui abrutit l'esprit, qui fait des lourdauds et des stupides, incommodes à leurs amis et inutiles à eux-mêmes. Montaigne était si fort de cet avis qu'il accusait les collèges d'abrutir la race française tout entière. « La sagesse françoise, écrit-il, a été anciennement en proverbe, pour une sagesse qui prenoit de bon' heure et n'avoit gueres de tenue. A la verité, nous voyons encores qu'il n'est rien si gentil que les enfans en France ; mais ordinairement ils trompent l'esperance qu'on en a conceue, et, hommes faicts, on n'y voit aucune excellence. J'ay ouy tenir à gens d'entendement que ces colleges où on les envoie, dequoy ils ont foison, les abrutissent ainsin (3) ». Mais il

---

(1) LOCKE, ch. VIII, par. 80 et 87; MONTAIGNE, I, 9, éd. de Bordeaux, p. 41.

(2) Ch. III, par. 49-53.

(3) I., 26, éd. de Bordeaux, p. 212.

insiste surtout sur la seconde de ces raisons, celle qui doit préoccuper tout particulièrement un éducateur de la noblesse. Les châtiments corporels à ses yeux avilissent les âmes, ils gâtent les « mœurs généreuses » des jeunes gens, et sans doute ce serait grave pour des roturiers, mais pour des nobles cela l'est bien davantage encore. « J'accuse toute violence en l'éducation d'une âme tendre qu'on dresse pour l'honneur et la liberté. Il y a je ne sçay quoy de servile en la rigueur et en la contraincte, et tiens que ce qui ne se peut faire par la raison, et prudence et adresse, ne se faict jamais par la force... Je n'ay veu autre effect aux verges, si non de rendre les ames plus lasches ou plus malicieusement opiniastres (1) ». « Au lieu de convier les enfans aux lettres on ne leur présente, à la vérité, que horreur et cruauté. Ostez moy la violence et la force : il n'est rien à mon advis qui abastardisse et estourdisse si fort une nature bien née (2) ». Il aime à conter qu'à six ans et demi sa fille n'avait jamais été frappée, et parlant d'elle il ajoute : « J'eusse été beaucoup plus religieux vers des masles, moins nés à servir, et de condition plus libre : j'eusse aimé à leur grossir le cœur d'ingenuité et de franchise (3) ».

Par réaction contre ces brutalités avilissantes, Montaigne et Locke se rencontrent pour préconiser

---

(1) II, 8, éd. de Bordeaux, p. 275.
(2) I. 26, éd. de Bordeaux, p. 214.
(3) II, 8, p. 75.

une méthode de douceur qu'on leur a souvent reprochée, pour poser en principe qu'on ne doit rien imposer aux enfants ou presque rien, qu'il ne faut leur demander de faire que ce qu'ils ont plaisir à faire, et seulement dans le temps où ils ont plaisir à le faire (1). On se souvient combien le père de Montaigne s'était montré « supersticieux » sur ce point. Il faisait réveiller le jeune Michel en musique (2) pour lui épargner des impressions pénibles, il imaginait des jeux afin de lui faire apprendre le grec sans effort. « Il avoit esté conseillé de me faire gouster la science et le devoir par une volonté non forcée et de mon propre desir, et d'eslever mon ame en toute douceur et liberté, sans rigueur et sans crainte (3) ». Et le fils se loue de cette méthode, où il trouve autant de prudence que d'affection. Locke pose le même principe avec autant de fermeté. « Le vrai moyen d'enseigner aux enfants ces sortes de choses, c'est de leur inspirer de l'inclination pour ce que vous voulez leur faire apprendre, car par là vous exciterez leur industrie et les engagerez à faire tous leurs efforts pour réussir dans ce que vous leur proposerez… Il faut premièrement faire en sorte que rien de ce qu'on veut apprendre aux enfants ne leur devienne onéreux, ou ne leur soit imposé comme une tâche à

---

(1) Locke, ch. VIII par. 75-76 ; Montaigne, I, 26 fin.
(2) I, 26, éd. de Bordeaux, p. 226.
(3) Ibid.

fournir nécessairement. Toutes les choses qui sont proposées sous cette idée, deviennent aussitôt ennuyeuses et désagréables (1) ». Nous le verrons bientôt imaginer des jeux par le moyen desquels l'enfant apprendra sans s'en apercevoir à lire et à écrire (2), et s'il n'exige pas le réveil en musique auquel Montaigne avait été accoutumé, il recommande du moins instamment de ne pas arracher les enfants au sommeil avec brutalité ou avec grand bruit (3).

Mais plus encore peut-être que sa sévérité, comme Montaigne, Locke reproche à la méthode traditionnelle des collèges de surcharger la mémoire de connaissances oiseuses. Le point de vue auquel il se place pour critiquer l'érudition des écoles est tout à fait le point de vue utilitaire de Montaigne. « Telle est, dit-il, la nature d'une grande partie du savoir qui est aujourd'hui à la mode dans nos écoles d'Europe et qui y fait pour l'ordinaire un point essentiel de l'éducation qu'un gentilhomme peut fort bien s'en passer sans que sa personne ou ses affaires en souffrent beaucoup (4) ». Encore si toute cette

---

(1) Ch. VIII, par. 74 et 75. « The right way to teach them those things is to give them a liking and inclination to what you purpose to them to be learned, and that will engage their industry and application »... « None of the things they are to learn, should ever be made a burden to them, or imposed on them as a task. Watever is so proposed presently becomes irksome. » — Voir aussi par. 78.

(2) Ch. XXIII, par. 153 et 163.
(3) Ch. I, par. 22.
(4) Ch. IX, par. 77. « A great part of the learning now in fashion

science n'était que vaine, mais souvent même elle est dommageable. « Ce n'est pas que je croie que le savoir ne contribue beaucoup à la production de ces deux qualités dans des esprits bien disposés. Mais il faut avouer aussi que dans d'autres personnes qui n'auront pas ces bonnes dispositions la science ne sert qu'à les rendre plus sots ou plus méchants (1) ». C'est ce que Montaigne a dit à tant de reprises et sous tant de formes : « C'est chose de qualité à peu près indifférente (que la doctrine) ; tres utile accessoire à une ame bien née, pernicieux à une autre ame et dommageable ; ou plustost chose de tres-noble et tres-prétieux usage qui ne se laisse pas posséder à vil prix : en quelque main, c'est un sceptre, en quelque autre, une marotte (2) ». Bien plus, comme Montaigne encore, Locke estime que même de bons esprits ont souvent à souffrir de ces études trop pesantes dont on les surcharge dans les collèges. « Je suis certain que ce n'est que pour avoir été forcés de s'attacher à leurs livres dans un âge ennemi de toute contrainte que la plupart des enfants laissent les livres et la science durant tout le reste

in the schools of Europe, and that goes ordinarily into the round of education, a gentleman may in a good measure be unfurnished with, without any great disparagement to himself, or prejudice to his affairs ».

(1) Ch. XXIII, par. 130. « Not but that I think learning a great help to both in well disposed minds ; but yet it must be confessed also that in others not so disposed, it helps them only to be the more foolish, or worse men. »

(2) III, 8, éd. Jouaust, t. VI, p. 91 ; voir aussi I, 25, édit. de Bordeaux, p. 178.

de leur vie. Il en est de cela comme de l'indigestion... (1).

Ce qui les exaspère avant tout l'un et l'autre, c'est de constater tout le temps qu'on consacre à l'étude des langues anciennes et tout l'effort qu'elle exige des enfants. On connaît les invectives de Montaigne contre cet usage ridicule (2). Locke n'est pas moins ferme. « Quand je considère combien on prend de peine pour enseigner un peu de latin et de grec aux enfants, combien on emploie d'années à cela, et combien ce soin entraîne après soi de bruit et d'embarras sans produire aucun fruit, je suis tenté de croire que leurs parents regardent encore avec une espèce de frayeur respectueuse la verge des maîtres d'école, qu'ils considèrent comme l'unique moyen qu'on puisse employer pour bien élever des enfants ; comme si toute leur éducation ne consistait qu'à apprendre une ou deux langues. Et le moyen que sans cela l'on pût permettre qu'un enfant fût assujetti à un esclavage de galérien pendant les huit ou dix plus belles années de sa vie, pour attraper une ou deux langues qu'on peut apprendre, si je ne me trompe, avec beaucoup moins de peine et de temps, et presque en badinant » (3). Et plus loin

---

(1) Ch. XXIII, par. 152. « It injures their healths, and their being forced and tied down to their books in an age at enmity with all such restraint, has, I doubt not, been the reason why a great many have hated books and learning at their lives after. It is like a surfeit... ». Rapprocher Montaigne, I, 26, I. 25, p. 172, etc.

(2) Voir, entre autres passages, I, 26, p. 224.

(3) Ch. XXII, par. 150. « When I consider what ado is made about

« N'est ce pas une chose bien ridicule qu'un père dissipe son argent et consume les plus beaux jours de son fils pour lui faire apprendre le langage des anciens Romains quoiqu'il le destine à une profession où, ne faisant aucun usage du latin, il ne manque pas d'oublier bientôt le peu qu'il a apporté du collège, et cela d'autant plus aisément que de dix enfants à peine en voit-on un qui n'ait de l'aversion pour cette langue à cause des mauvais traitements auxquels elle les expose ? (1)..... »

Ce n'est pas que Montaigne et Locke veuillent rayer des programmes l'étude des langues anciennes. Il est vrai que tous les deux renoncent au grec, mais aucun des deux n'est disposé à abandonner le latin. « Je regarde le latin, dit Locke, comme absolument nécessaire à un enfant de bonne maison (2). » Mais ils veulent qu'on apprenne le latin

---

a little Latin and Greek, how many years are spent in it, and what a noise and business it makes to no purpose, I can hardly forbear thinking that the parents of children still live in fear of the schoolmaster's rod, which they look on as the only instrument of education; as a language or two to be its whole business. How else is it possible that a child should be chained to the oar seven, eigth, or ten of the best years of his life, to get a language or two, which I think might be had at a great deal cheaper rate of pains and time and be learned almost in play ? »

(1) Ch. XXIII, par. 168. « Can there be anything more ridiculous than that a father should waste his own money, and his son's time in setting him to learn the Roman language, when at the same time he designs him for a trade, wherein he having no use for Latin fails not to forget that little which he brought from school, and which it is ten to one he abhors for the ill usage it procured him ? »

(2) Ch. XXIII, par. 168. « Latin I look upon as absolutely necessary to a gentleman ».

suivant une méthode différente de celle qui est en usage, nous dirions aujourd'hui suivant la méthode directe. On se souvient du procédé qu'avait employé le père de Montaigne. Il avait placé auprès du jeune Michel « avant le dénouement de sa langue », un gouverneur qui ne devait lui parler que latin, et il avait commandé aux gens de sa maison de ne s'entretenir avec l'enfant que dans la mesure où ils pourraient le faire en latin (1). N'est-ce pas l'exemple de son devancier qui a pu suggérer à Locke ses propres réflexions ? Il a fait adopter dans l'éducation du jeune Shaftesbury la même méthode vivante qui avait réussi à Montaigne. Il déclare dans son traité qu'on doit appliquer à l'étude du latin la méthode qui, en Angleterre, est déjà en usage pour l'étude du français. « Je ne puis assez m'étonner que les pères ayant vu le succès de la méthode qu'on emploie pour montrer le français aux enfants, il ne leur soit pas venu dans l'esprit qu'on leur devrait apprendre le latin de la même manière, c'est-à-dire en les faisant parler latin et en leur donnant à lire de livres latins .. La méthode... qui me paraît la plus facile de toutes... consiste à enseigner le latin aux enfants de la même manière qu'ils apprennent l'anglais, sans les embarrasser de règles ni de grammaire, car si vous y prenez garde, lorsqu'un enfant vient au monde, le latin ne lui est pas plus étranger que l'anglais, et cependant il apprend

---

(1) I. 26, éd. de Bordeaux, p. 225.

l'anglais sans maître, sans règles, et sans grammaire. Il apprendrait sans doute le latin de la même manière, comme fit Cicéron, s'il avait toujours auprès de lui une personne qui lui parlât cette langue. Et après qu'on a vu souvent parmi nous une femme française enseigner à une jeune fille à parler et à lire parfaitement en français dans un ou deux ans, sans le secours d'aucune règle de grammaire, et sans faire autre chose que lui parler cette langue, je ne puis assez m'étonner que les gens de qualité aient négligé de se servir de cette méthode pour leurs garçons, comme s'ils les croyaient d'un esprit plus pesant et plus borné que leurs filles (1). »

La préoccupation essentielle de Locke, on le voit, est de supprimer l'étude desséchante de la grammaire. Montaigne affectait le même mépris pour cette science de mots. « Moy qui n'aprins jamais langue que par routine, et qui ne sçay que c'est

---

(1) Ch. XXIII. par. 167 et par. 169. « He (the child) should proceed to Latin, which it is a wonder parents, when they have had the experiment in French, should not think ought to be learned the same way, by talking and reading. »..... The method..... what imagine the easiest..... is this : to trouble the child with no grammar at all, but to have Latin, as English has been, without the perplexity of rules talked into him ; for if you will consider it, Latin is no more unknown to a child, when he comes into the world than English ; and yet he learns English without master, rule or grammar ; and so might he Latin too, as Tully did, if he had somebody always to talk to him in this language. And when we so often see a French woman teach an English girl to speak and read French perfectly in a year or two, without any rule of grammar, or any thing else but prattling to her, I cannot but wonder how gentlemen have overseen this way for their sons, and thought them more dull or incapable than their daughters. »

d'adjectif, conjunctif et d'ablatif... » dit-il quelque part (1), et il prétend que son disciple n'en soit pas plus informé que lui : « Il ne sçait pas ablatif, conjunctif, substantif, ny la grammaire, ne faict pas son laquais ou une harangiere du petit pont, et si vous entretiendront tout votre soul, si vous en avez envie, et se desferreront aussi peu, à l'adventure, aux regles de leur langage, que le meilleur maistre és arts de France (2) ». Locke prend ses termes de comparaison dans un monde plus relevé. « Combien n'y a-t-il pas de dames qui, sans savoir ce que c'est que temps, participe, adverbe et préposition s'expriment en termes aussi propres et d'une manière aussi correcte, je ne dirai pas qu'aucun maître d'école, car ce serait leur faire un fort mauvais compliment, mais que la plupart des gentilshommes qui ont étudié selon la méthode établie dans les collèges (3) ». Pour le commerce ordinaire de la vie, l'usage suffit parfaitement. Si l'on voulait parler de grammaire, en tout cas ce ne devrait être que de grammaire anglaise. Encore n'est-elle utile qu'à ceux qui, par suite de leurs fonctions, sont appelés à parler et à écrire avec une particulière précision. Quant aux grammaires

---

(1) I. 48, éd. de Bordeaux, p. 370.
(2) I, 26, éd. de Bordeaux, p. 220.
(3 Ch. XXIII, par. 173. « There are ladies who, without knowing what tenses and participles, adverbs and prepositions are, speak as properly and as correctly (they might take in for an ill compliment if I said as any country schoolmaster) as most gentlemen who have been bred up in the ordinary methods of grammar-schools. »

anciennes, il faut les réserver exclusivement aux savants (1).

Avec la grammaire, les collèges tiennent en haute estime la rhétorique, la logique, la dialectique; et non moins que la grammaire Locke condamne et persifle la rhétorique, la logique et la dialectique aussi énergiquement que Montaigne l'avait fait un siècle plus tôt. « La moitié de nostre aage s'en va là, disait Montaigne. On nous tient quatre ou cinq ans à entendre les mots et les coudre en clauses; encores autant à en proportionner un grand corps, estendu en quatre ou cinq parties; et autres cinq pour le moins, à les sçavoir brefvement mesler et entrelasser de quelque subtile façon. Laissons le à ceux qui en font profession expresse... Nous avons affaire ailleurs (2) ».

Locke écrit toute une diatribe contre les discours latins et les vers latins qu'on oblige les enfants à composer dans les collèges et avec lesquels on leur met l'esprit à la torture (3). Il proteste encore contre la manie pédante que l'école donne à tous ces jeunes rhéteurs d'insérer dans leurs propos des citations d'auteurs anciens. « Qu'y a t-il de plus ridicule que de coudre à de chétives pensées sorties de notre cerveau quelques belles et riches sentences d'un bon auteur? Ces pensées éclatantes, enchâssées de cette manière, ne sont propres qu'à faire paraître

---

(1) Ibid.
(2) I. 26, éd. de Bordeaux, p. 218.
(3) Ch. XXIII, par. 178 et 179.

davantage la pauvreté de nos productions (1) ». Montaigne avait fait une remarque analogue à propos des écrivains de son temps. « Les escrivains indiscrets de nostre siecle, qui, parmy leurs ouvrages de neant, vont semant des lieux entiers des anciens autheurs pour se faire honneur, font le contraire. Car cett' infinie dissemblance de lustres rend un visage si pasle, si terni et si laid à ce qui est leur, qu'ils y perdent beaucoup plus qu'ils n'y gaignent... (2) ».

Locke dit encore : « Je n'ai vu que fort rarement, ou, pour mieux dire, jamais, que personne ait appris à bien raisonner, ou à bien parler en étudiant les règles par lesquelles on prétend enseigner ces deux choses (3) ». Et Montaigne : « Qui n'entre en deffiance des sciences, et n'est en doubte s'il s'en peut tirer quelque solide fruict au service de la vie, à considérer l'usage que nous en avons ? Qui a pris de l'entendement en la logique ? Où sont ses belles promesses ? Voit-on plus de barbouillage au caquet des harangeres qu'aux disputes publiques des hommes de cette profession ? J'aimeroy mieux que

---

(1) Ch. XXIII, par. 180. « What can be more ridiculous than to mixt the rich and handsome thoughts and sayings of other with a deal of poor stuff of his own ; which is thereby the more exposed, and has no other grace in it, nor will otherwise recommend the speaker than a threadbare russet coat would, that was set off with large patches of scarlet and glittering brocade? »

(2) I, 26, éd. de Bordeaux, p. 189.

(3) Ch. XXIII, par. 193. « I have seldom or never observed any one to get the skill of reasoning well, or speaking handsomely by studying those rules which pretend to teach it. »

mon fils apprinst aux tavernes à parler qu'aux escholes de la parlerie. Ayez un maistre ès arts, conferez avec luy : que ne nous faict-il sentir cette excellence artificielle, et ne ravit les femmes et les ignorans, comme nous sommes, par l'admiration de la fermeté de ses raisons, de la beauté de son ordre ? Que ne nous domine-il et persuade comme il veut ?... (1) »

Mais les ergotismes de l'école leur paraissent plus vains encore, ou même dangereux pour la rectitude du jugement. Aux yeux de Locke, la dialectique, loin d'aider l'esprit dans la recherche de la vérité, ne sert qu'à la lui masquer. Elle habitue les enfants à disputer pour le plaisir de disputer, à s'obstiner dans leur opinion, avec quelque légèreté qu'elle ait été conçue, à la défendre par tous les arguments bons ou mauvais qui se présentent à eux, à éblouir leurs interlocuteurs par des mots captieux et à double sens. Montaigne indique clairement que son opinion est la même par les moqueries dont il accable les disputes des savants. « J'ay veu chez moy un mien amy par maniere de passetemps, ayant affaire à un de ceux-cy, contrefaire un jargon de galimathias, propos sans suite, tissu de pieces rapportées, sauf qu'il estoit souvent entrelardé de mots propres à leur dispute, amuser ainsi tout un jour ce sot à debatre, pensant tousjours respondre aux objections

---

(1) III, 8, éd. Jouaust, t. VI, p. 89.

qu'on luy faisoit ; et si estoit homme de lettres et de reputation, et qui avait une belle robe (1). » Il ne veut pas qu'on entretienne les enfants de dialectique : « Cicéron disoit que, quand il vivroit la vie de deux hommes, il ne prenderoit pas le loisir d'estudier les poetes liriques. Et je trouve ces ergotistes plus tristement encore inutiles. Nostre enfant est bien plus pressé : il ne doit au paidagogisme que les premiers quinse ou sese ans de sa vie ; le demurant est deu à l'action. Emploions un temps si court aus instructions necesseres. Ce sont abus ; ostez toutes ces subtilitez espineuses de la dialectique, dequoy nostre vie ne se peut amender, prenez les simples discours de la philosophie (2) ». Et tous les deux, Locke et Montaigne, pénétrés de respect pour le caractère du gentilhomme qu'ils ont à façonner, haussent le ton pour dire le mépris que le maniement de pareilles arguties leur inspire, pour montrer avec éloquence qu'elles sont indignes d'un homme de bonne compagnie, pour lui recommander de contester avec ordre et bon sens, mais sans subtilité, et de rendre les armes à la verité sitost qu'elle est aperçue (3).

La conclusion de Locke est que « le savoir.. pour un enfant de bonne famille... est la chose du monde

---

(1) I, 25, éd. de Bordeaux, p. 179.
(2) I, 26, éd. de Bordeaux, p. 211.
(3) Locke, ch. XXIII, par. 194 ; Montaigne I, 26, éd. de Bordeaux, p. 200 ; III, 8, éd. Jouaust, t. VI, p. 86.

la moins importante (1) ». Le but ne doit pas être d'enseigner beaucoup de choses à l'enfant, « son gouverneur devrait bien se ressouvenir que son affaire ne consiste pas tant à lui enseigner tout ce qu'on peut savoir, qu'à lui inspirer de l'amour et de l'estime pour la science et à le mettre dans le bon chemin d'en acquérir par lui-même, lorsqu'il aura envie de s'y appliquer (2). » C'est bien un peu l'avis de Montaigne qui recommande sans cesse de ne pas charger la mémoire de l'enfant, mais de lui former le « goust et le jugement ». « La science qu'il choisira, ayant desja le jugement formé, il en viendra bien tost à bout (3) ». Voilà le principe très nouveau qu'ils proposent à leurs contemporains. Autour d'eux « le savoir est d'ordinaire le point capital, pour ne pas dire le seul, dont on fait une affaire aux enfants,... on ne pense presque à autre chose lorsqu'on parle de leur éducation (4) ». Ainsi déchargé de tant de sciences superflues, délivré de l'étude des langues anciennes, qui se fera désormais sans effort, l'enfant pourra donner une large part de son application à des objets nouveaux. Rien ne

---

(1) Ch. XXIII, par. 150. « I think it (learning) the least part. »

(2) Ch. XXIII, par. 201. « His tutor should remember that his business is not so much to teach him all that is knowable, as to raise in him a love and esteem of knowledge, and to put him in the right way of knowing and improving himself, when he has a mind to it. »

(3) I, 26, éd. de Bordeaux, p. 207.

(4) LOCKE, ch. XXIII, par. 150. « This making usually the chief, if not only bustle and stir about children, this being almost that alone which is thought on, when people talk of education... »

s'opposera plus à ce que l'enseignement soit agréable, débarrassé de toute contrainte, plus semblable à un jeu qu'à un travail. Dans la partie positive de leur programme nous allons retrouver le même parallélisme entre les vues de Locke et les vues de Montaigne aussi frappant que dans la partie négative.

Tout d'abord ils sont d'accord sur le mode d'éducation à adopter. Ni l'un ni l'autre ne demande à l'exemple de tant d'autres pédagogues, une réforme des collèges ; ils substituent à l'éducation en commun l'éducation particulière. « Pardonnez-moi, déclare Locke, si je dis que je ne saurais penser sans emportement que pour former et polir l'esprit d'un jeune homme de bonne maison, il faille le mettre dans un collège avec une troupe d'autres enfants, et le faire travailler à coups de fouet, comme s'il devait faire ses classes en passant, pour ainsi dire, par les baguettes (1). » Et Montaigne « je ne veux pas qu'on emprisonne ce garçon. Je ne veux pas qu'on l'abandonne à l'humeur mélancolique d'un furieux maistre d'escole. Je ne veux pas corrompre son esprit à le tenir à la gehene et au travail, à la mode des autres, quatorze ou quinze heures par jour, comme un portefaix. Ny ne veux gaster ses meurs genereuses par l'incivilité et barbarie d'autruy (2). » C'est le principe même de

---

(1) Locke, ch. XXIII, par. 150. « Forgive me therefore if I say I cannot with patience think that a young gentleman should be put into the herd, and be driven with a whip and scourge, as if he were to run the gauntlet through the several classes. »

(2) I, 26, éd. de Bordeaux, p. 212.

l'éducation en commun qui lui paraît un défi jeté à la raison : « Ceux qui, comme porte nostre usage, entreprenent d'une mesme leçon et pareille mesure de conduite regenter plusieurs esprits de si diverses mesures et formes, ce n'est pas merveille, si, en tout un peuple d'enfans, ils en rencontrent à peine deux ou trois qui raportent quelque juste fruit de leur discipline (1) ».

Le jeune gentilhomme sera donc confié à un gouverneur. Un gouverneur sera chargé d'appliquer le principe de sévère douceur que Montaigne et Locke préconisent, de former l'enfant sans charger sa mémoire. Sa qualité première devra donc être non le savoir, mais le jugement. « Il ne faut pas, dit Locke, quand vous viendrez à penser à l'éducation de votre enfant, et quand vous jetterez les yeux sur un maître ou sur un gouverneur pour lui en confier le soin que vous examiniez « uniquement, comme c'est l'ordinaire, s'il sait bien le latin et toutes les finesses de la logique ». Il faut lui demander surtout de la vertu et de l'intelligence (2). Montaigne voulait de même qu'il « eust plustost la teste bien faicte que bien pleine, et qu'on y requist tous les deux, mais plus les meurs et l'entendement que la science (3) ». « Nous nous enquerons volontiers,

---

(1) I, 26, éd. de Bordeaux, p. 193.

(2) Ch. XXIII, par. 150. « When you consider of the breeding of your son, and are looking out for a schoolmaster or a tutor, you would not have (as is usual) Latin and logic only in your thoughts. »

(3) I, 26, éd. de Bordeaux, p. 194.

sçait-il du grec ou du latin » escrit-il en vers ou en prose. Mais s'il est devenu meilleur ou plus advisé, c'estoit le principal, et c'est ce qui demeure derrière (1).

S'il a vraiment « la teste bien faite » notre gouverneur ne risquera pas de tomber dans l'erreur commune ; de ne cultiver dans son disciple que la mémoire au détriment de toutes ses autres facultés. « Ce n'est pas une âme, ce n'est pas un corps qu'on dresse : c'est un homme ; il n'en faut pas faire à deux. Et, comme dict Platon, il ne faut pas les dresser l'un sans l'autre, mais les conduire également, comme une couple de chevaux attelez à mesme timon (2) ». C'est l'avis de Montaigne. C'est aussi celui de Locke, qui pose en principe, dès la première page de son livre, que le bonheur en ce monde « se réduit à avoir l'esprit bien réglé, et le corps en bonne disposition » et que l'éducation, ayant pour objet de nous assurer le bonheur, ne doit pas négliger le corps plus que l'âme.

---

(1) I, 25, éd. de Bordeaux, p. 175.
(2) I, 26, éd. de Bordeaux, p. 214.

CHAPITRE III

La Culture Physique

A propos des soins qu'exige le corps, Locke entre même dans beaucoup plus de détails que Montaigne. Montaigne se borne à exprimer quelques principes généraux. Locke, qui est médecin de profession, est autorisé à nous donner beaucoup d'indications précises, à multiplier des conseils d'hygiène dont l'auteur des *Essais*, avec son mépris bien connu de la médecine, aurait peut-être souri. C'est ainsi qu'il nous entretient de l'âge auquel il convient de donner de la viande aux enfants, de la part qu'il faut faire aux fruits dans leur alimentation, des boissons qui lui semblent recommandables, du temps qu'il est à propos de consacrer au sommeil. Il préconise l'usage de l'eau froide pour les pieds comme pour les mains, et interdit les vêtements étroits qui entravent la liberté des mouvements.

Mais pour les principes généraux il est bien d'accord avec Montaigne. L'essentiel leur paraît à l'un comme à l'autre d'élever les enfants sans mollesse, afin de leur préparer une grande liberté d'action dans la vie. « On gâte la constitution de la plupart des enfants, dit Locke, par trop d'indulgence et de tendresse (1). Et il voudrait que les gentilshommes traitassent leurs enfants comme les bons paysans traitent les leurs. Montaigne se félicite de même que son père l'ait envoyé « dès le berceau nourrir à un pauvre village des siens... le dressant à la plus basse et commune façon de vivre », et il souhaite qu'on l'imite en cela (2). A tout le moins, il ne veut pas qu'un enfant de qualité soit élevé dans sa famille parce que ses parents n'auraient pas le courage de le voir « nourryr grossierement, comme il le faut, et hasardement. Il ne le sçauroient souffrir, revenant suant et poudreux de son exercice, boire chaut, boire froit, ny le voir sur un cheval rebours, ny contre un rude tireur, le floret au poing, ny la première harquebouse. Car il n'y a remede: qui en veut faire un homme de bien, sans doubte il ne le faut espargner en cette jeunesse, et faut souvent choquer les règles de la medecine (3) ».

Tous deux sont très persuadés de cette vérité, et la répètent bien des fois, que la coutume peut beaucoup sur notre constitution physique comme sur notre constitution morale, qu'on ne saurait imaginer jusqu'où va sa puissance (4). Il suffit donc

(1) Ch. I, par. 5. « Most children's constitutions are either spoiled, or at least harmed, by cockering and tenderness. »
(2) III, 13, éd. Jouaust, p. 63.
(3) I, 26, éd. de Bordeaux, p. 193.
(4) MONTAIGNE, I, 23, éd. de Bordeaux, p. 137.

de le vouloir pour ôter au corps toute délicatesse, et si nous l'endurcissons nous gagnerons par là deux grands avantages.

Le premier sera de le rendre plus résistant dans l'action et dans la douleur. « Ce n'est pas assez de lui roidir l'âme, disait Montaigne, il luy faut aussi roidir les muscles. Elle est trop pressée, si elle n'est secondée et a trop à faire de seule fournir à deux offices. Je sçay combien ahanne la mienne en compaignie d'un corps si tendre, si sensible, qui se laisse si fort aller sur elle... L'acoustumance à porter le travail est accoustumance à porter la douleur... Il le faut rompre à la peine et aspreté des exercices. pour le dresser à la peine et aspreté de la desloueure, de la colique, du cauterre, et de la geole et de la torture (1) ».

Locke reprendra souvent la même idée : « La fermeté et l'insensibilité de l'âme est le meilleur bouclier que nous puissions opposer aux maux et aux accidents ordinaires de la vie ; comme c'est par l'exercice et par la coutume qu'on peut acquérir cette vigueur de tempérament, mieux que par aucun autre moyen, il faut commencer au plus tôt à s'endurcir contre la douleur (2) ». « Quand les enfants sont déjà grands, il n'est plus temps de

---

(1) MONTAIGNE, I, 26, éd. de Bordeaux, p. 199.
(2) Ch. XII, par. 115. « This brawniness and insensibility of mind is the best armour we can have against the common evils and accidents of life ; and being a temper that is to be got by exercise and custom more than any other way, the practise of it should be begun betimes. »

commencer à les endurcir à toutes ces fatigues. Il faut être fait à cela de bonne heure et par degrés. De cette manière, il n'y a presque rien à quoi le corps ne puisse s'accoutumer (1) ».

Le second avantage de cette méthode sera que l'enfant ne se verra assujetti à aucune habitude, mais conservera une grande souplesse pour s'accommoder à toutes les circonstances, et c'est un point qui leur tient très fort à cœur. Il est en effet de grande importance dans toutes les conditions, mais il l'est spécialement dans la vie militaire, qui était alors le lot habituel de la noblesse. Locke recommande, par exemple, qu'on fasse coucher les enfants sur des lits durs, entre autres raisons pour que, dans leurs voyages, ils puissent dormir dans les lits de fortune dont ils seront contraints souvent de se contenter; il veut qu'on varie la forme de leur lit, qu'on leur mette la tête tantôt plus haut et tantôt moins, afin de les rendre indifférents à tant de particularités qui influent trop souvent sur le sommeil (2). Et Montaigne affirme plus fortement qu'on doit profiter de ce que le corps est encore « souple » pendant l'enfance pour le « plier à toutes façons et coustumes (3) ». C'est qu'à ses yeux l'essentiel pour un jeune homme de qualité est de

---

(1) Ch. I, par. 10. « When he is grown up, it is too late to use him to it. It must be got early and by degrees. Thus the body may be brought to bear almost any thing. »
(2) Ch. I, par. 23.
(3) I, 26, éd. de Bordeaux, p. 216; III, 13, éd. Jouaust, t. VII, p. 33.

se rendre « commode » à toutes nations et compagnies puisqu'il est appelé à vivre dans le monde, souvent à voyager, et que par suite son bonheur dépendra en bonne partie de sa sociabilité.

Il sait encore que les exercices physiques tiennent une grande place dans l'existence d'un noble « la course, la lutte, la danse, la chasse, le maniement des chevaux et des armes », aussi ne les oubliera-t-il pas. Voilà encore un point sur lequel l'enseignement des collèges répond mal aux besoins de la noblesse. Locke est de son avis. Il consacre un chapitre à cette question (1). La danse lui semble particulièrement recommandable, et il veut qu'on l'enseigne le plus tôt possible parce qu'elle répand sur les mouvements un air d'agrément et de liberté qui sied aux jeunes gens, et parce qu'assouplissant les membres elle les prépare aux autres exercices.

Voilà pour les idées générales. On pourrait croire jusqu'à présent qu'il n'y a eu que rencontre entre Locke et Montaigne ; mais dans le détail aussi, lorsqu'il arrive par hasard à Montaigne d'aborder le détail, on trouve parfois des ressemblances frappantes entre leurs remarques. Montaigne avait observé qu'il n'est pas nécessaire pour la santé de se vêtir beaucoup, qu'il faut éviter de multiplier les vêtements et de les choisir trop chauds, parce qu'on s'y accoutume sans profit, que, puisque la peau est une protection suffisante à nos mains et à notre visage,

---

(1) Locke, ch. 24.

elle pourrait suffire encore aux autres parties que nous avons accoutumé de couvrir. Et il contait à ce sujet une piquante anecdote. « Je ne sçay qui demandoit à un de nos gueux qu'il voyait en chemise en plain hyver, aussi scarrebillat que tel qui se tient emmitoné dans les martes jusques aux oreilles, comme il pouvoit avoir patience : et vous, Monsieur, respondit-il, vous avez bien la face descouverte ; or moy, je suis tout face (1) ». C'est paraît-il, un Bordelais, contemporain et ami de Montaigne, Florimont de Raymond, qui provoqua cette réponse, du moins il s'en vantait. Mais je crains que Florimont de Raymond ne l'ait soufflée ou suggérée à son gueux pour s'offrir à lui-même le plaisir érudit de rééditer une anecdote antique, ou bien peut-être le pauvre hère avait-il des lettres, assez de lettres pour lire Athénée ; toujours est-il qu'Athénée rapporte exactement la même aventure dans des termes très voisins. Locke s'est sans doute rappelé le mot de Montaigne et l'application qu'il en avait faite ; mais il s'est souvenu aussi que sa source véritable était Athénée, et c'est la version d'Athénée qu'il a reprise. « Ce n'est que la coutume qui l'endurcit (le visage), dit-il, et le rend propre à supporter le froid. Sur quoi l'on rapporte une réponse fort juste qu'un philosophe scythe fit autrefois à un Athénien. Comme ce dernier s'éton-

---

(1) I, 36, éd. de Bordeaux, p. 293 ; voir aussi III, 13, éd. Jouaust, p. 70.

naît de le voir aller nu au milieu de la glace et de la neige. « Et vous, lui dit ce philosophe, comment pouvez-vous souffrir que votre visage soit exposé à l'air durant la rigueur de l'hiver ? Mon visage est accoutumé à cela, dit l'Athénien. — Imaginez-vous donc, répliqua aussitôt le Scythe, que je suis tout visage (1) ».

Une autre recommandation de Locke, qui rappelle singulièrement Montaigne, c'est celle qu'il fait aux enfants pour les aider à conserver le ventre libre sans user de médicaments. Montaigne, qui parle si indiscrètement de toutes choses, n'avait pas oublié ce sujet intime. Sur celui-là aussi, il nous avait conté les résultats de son expérience personnelle « Je diray cecy de cette action, qu'il est besoing de la renvoyer à certaines heures prescriptes et nocturnes, et s'y forcer par coustume et assubjectir, comme j'ay faict, mais non s'assujectir, comme j'ai faict en vieillissant, au soing de particulières commodites de lieu et de siege pour ce service... J'ay veu beaucoup de gens de guerre incommodes du desreiglement de leur ventre : le mien et moy ne nous faillons jamais au poinct de notre assignation, qui est au saut du lict, si quelque

---

(1) Ch. I, par. 6. « It is use alone hardens it (the face) and makes it more able to endure the cold. And therefore the Scythian philosopher gave a very significant answer to the Athenian, who wondered how he could go naked in frost and snow. « How, said the Scythian, can you endure your face exposed to the sharp winter air? » — « My face is used to it, said the Athenian. » — « Think me all face, replied the Scythian. »

violente occupation ou maladie ne nous trouble (1). »
Locke demande la même régularité et l'heure qu'il
propose est à peu de chose près la même : « Après
avoir mangé le matin (2) ». Et je sais qu'il appuie
son conseil sur toutes sortes de considérations
médicales et de réflexions qui ne sont pas chez
Montaigne et qui le rendent très personnel. La
rencontre n'en est pas moins frappante.

---

(1) III, 13, éd. Jouaust, p. 37.
(2) Ch. I, par. 25.

CHAPITRE IV

La Culture morale

Plus encore qu'au corps Montaigne et Locke estiment que l'éducateur doit donner ses soins à l'âme de son disciple. Il faut la former à la vertu. « C'est là le vrai, le solide bien », comme dit Locke. Et Montaigne remarque que dans les collèges on apprend à la décliner, à en disserter, mais non à la pratiquer. Or, pour préparer l'enfant à la pratique de la vertu tous les deux répètent avec insistance qu'on ne saurait s'y prendre trop tôt. Un défaut ordinaire qu'ils dénoncent avec la même force est de négliger les actes de la première enfance, d'estimer qu'ils sont sans importance. On s'amuse des germes de vices qui peuvent s'y révéler, on ne songe pas aux dangers dont ils menacent l'avenir. Montaigne a dit cela tout au long : « Platon tansa un enfant qui jouait aus nois. Il luy respondit : tu me tanses de peu de chose. L'accostumance, repliqua Platon, n'est pas chose de peu. Je treuve que nos plus grands vices prenent leur pli de nostre plus tendre enfance, et que nostre principal gouvernement est entre les mains des nourrisses. C'est passetemps aus meres de voir un enfant tordre le col a un poulet et s'esbattre à blesser un chien et un chat ; et tel pere est si sot de prendre à bon augure d'un' ame martialle, quand il voit son fils gourmer injurieusement un paisan ou un laquai qui ne se defant point, et à jantillesse, quand il le voit affiner son compaignon par quelque malitieuse desloiauté et tromperie. Ce sont pourtant les vraies semances et racines de la cruauté de la tirannie, de la trahison : elles se germent la, et s'eslevent apres gaillardement, et profitent a force entre les mains de la costume. Et est une tresdangereuse institution d'excuser ces vileines inclinations par la foiblesse de l'eage et légiereté du subjet..... La laidur ne de la piperie ne despent pas de la difference des escus aus esplingues. Elle despant de soy. Je trouve bien plus juste de conclurre ainsi : pourquoy ne tromperoit il aus escus, puis qu'il trompe aus esplingues » que come ils font : ce n'est qu'aus esplingues, il n'auroit garde de le faire aus escus. Il faut apprendre souigneusement aus enfans de hair les vices de leur propre contexture et leur en faut aprandre la naturelle difformité, a ce qu'ils les fuient, non en leur action seulement, mais sur tout en leur cœur..... (1). Locke écrit de même : « Que les pères et les mères aiment leurs petits enfants, rien de plus juste, leur devoir

---

(1) I, 23, éd. de Bordeaux, p. 139.

les y oblige. Mais souvent non contents d'aimer leurs personnes ils vont jusqu'à chérir leurs défauts..... Comme dans leur enfance ils ne sont pas encore capables de tomber dans de grands vices, les parents s'imaginent qu'on peut alors sans grand danger avoir de l'indulgence pour leurs petites irrégularités, et leur permettre de se divertir à ces jolis traits de malice, qui, selon eux, siéent bien à cet âge innocent. Mais pour détruire le préjugé de ces parents, qui, trop passionnés pour leurs enfants n'ont pas voulu « prendre la peine de les corriger d'une petite sottise, prétendant l'excuser assez en disant que c'était peu de chose, je me contenterai de leur faire savoir cette sage réponse de Solon » : « C'est peu de chose, il est vrai, mais ce n'est pas peu de chose que la coutume. Notre petit mignon doit être dressé à donner des coups et à dire des injures. Cela le divertit : il faut lui en faire leçon. Pleure-t-il pour avoir quelque chose, il faut qu'il l'ait tout aussitôt. Il faut lui laisser faire tout ce qui lui vient en fantaisie. C'est ainsi que les parents par une indulgence outrée pour leurs enfants encore tout petits, corrompent en eux tous les principes de la nature.... » (1). Et plus loin il

---

(1) Ch. II, par. 35 et 36. « They love their little ones, and it is their duty ; but they often, with them, cherish their faults too... and they being in their infancies not capable of great vices, their parents think they may safely enough indulge their little irregularities, and make them sport with that pretty perverseness, which they think well enough becomes that innocent age. But to a fond parents that would not have his child corrected for a perverse trick, but excused it, saying it was a small matter. Solon very well replied : « Aye, but custom is a great one ». The fondling must be

revient encore sur cette question : « S'ils (les enfants) commencent à tromper en jouant aux noix ou aux épingles, et qu'on les laisse faire, ils passeront bientôt à de plus grandes fourberies, et seront en danger de se corrompre entièrement le cœur, et de devenir de vrais malhonnêtes gens ». (1)

Locke appuie la morale de l'enfant sur un fondement religieux. Pour le préparer à la vertu, il veut que de bonne heure on lui donne l'idée de Dieu. Et il y a là incontestablement une différence qui mérite d'être notée entre lui et Montaigne. Montaigne n'a certes pas demandé qu'on supprimât des programmes l'enseignement religieux ; je suis convaincu même qu'il l'y aurait maintenu si on l'eût interrogé sur ce point. Il est pourtant notable qu'il n'en parle nulle part ce qui indique clairement qu'il n'y attache pas une grande importance dans la formation morale de l'individu. Sa morale à lui est toute rationnelle, et c'est sur des fondements rationnels que son disciple devra baser ses règles pratiques.

N'exagérons pourtant pas cette opposition entre les conceptions de nos deux auteurs. Chez Locke même, la culture religieuse devra être assez simple. Il compte sur le sentiment religieux bien

---

taught to strike and call names, must have what he cries for, and do what he pleases. Thus parents, by humouring and cockering them when little, corrupt the principles of nature in their children. »

(1) Ch. XI, par. 112. « Which (habits) from small beginnings in spins and cherry-stones, will, if let alow, grow up to higher frauds, and be in danger to end at last in downright hardened dishonesty. »

plus que sur des idées claires en matière religieuse. Disons mieux : l'étude des problèmes religieux lui semblerait dangereuse comme à Montaigne. Il expose une idée très rudimentaire de la divinité et demande qu'on ne pousse pas la recherche au delà. « Je crois qu'il vaudrait beaucoup mieux qu'en général les hommes s'arrêtassent à l'idée de Dieu que nous venons de proposer, sans s'enquérir trop curieusement des propriétés d'un être que tout le monde doit regarder comme incompréhensible, car il y a quantité de gens qui, n'ayant ni assez de force ni assez de netteté d'esprit pour distinguer ce qu'ils peuvent connaître d'avec ce qui passe leur intelligence se jettent, par cette curiosité mal entendue dans la superstition ou dans l'athéisme, faisant Dieu semblable à eux mêmes ou n'en reconnaissant point du tout, parce qu'ils ne peuvent se le représenter sous aucune autre idée (1) ». Autant que qui que ce soit Montaigne a dit les dangers de la curiosité en pareille matière, que Dieu est inconnaissable, et que chercher à le comprendre c'est s'exposer à perdre toute foi en lui, que les hommes ne se le sont jamais représenté que

---

(1) Ch. XX, par. 139. « I think it would be better if men generally rested in such an idea of God, without being too curious in their notions about a Being which all must acknowledge incomprehensible; whereby many, who have not strength and clearness of thought to distinguish between what they can and what they cannot know, run themselves into superstition or atheism, making God like themselves, or (because the cannot comprehend any thing else) none at all. »

d'après eux-mêmes. « Il s'en faut tant que nos forces conçoivent la hauteur divine que, des ouvrages de nostre createur, ceux-là portent mieux sa marque et sont mieux siens que nous entendons le moins ».
... Melius scitur Deus nesciendo, dict S. Augustin ; et Tacitus : sanctius est ac reverentius de actis deorum credere quam scire. Et Platon estime qu'il y ait quelque vice d'impieté à trop curieusement s'enquerir et de Dieu et du monde, et des causes premieres des choses... (1). Locke aurait même estimé sans doute que Montaigne est trop pénétré de cette impuissance de la raison, car une pareille persuasion le conduit jusqu'aux confins du scepticisme. En tout cas, tous les deux sont d'accord pour reconnaître que l'exemple et l'autorité du milieu ambiant sont les principaux facteurs de nos croyances, aussi bien en matière morale qu'en matière religieuse. « Les opinions des hommes sont receues à la suite des creances anciennes, par authorité et à credit... On reçoit comme un jargon ce qui en est communement tenu ; on reçoit cette verité avec tout son bastiment et attelage d'argumens et de preuves, comme un corps ferme et solide qu'on n'esbranle plus, qu'on ne juge plus (2) ». Montaigne est revenu sur cette idée en bien des endroits, et il cite des exemples bien significatifs : « Un valet à Thoulouse accusé

---

(1) II, 12, éd. de Bordeaux, p. 221.
(2) II, 12, éd. de Bordeaux, p. 278.

d'hérésie, pour toute raison de sa creance, se rapportoit à celle de son maistre, jeune eschollier, prisonnier avec lui ; et ayma mieux mourir, que se laisser persuader que son maistre peut faillir (1). Les loix de la conscience, que nous disons naistre de nature, naissent de la fortune : chacun aiant en veneration interne les opinions et meurs approuvees et receues autour de luy, ne s'en peut desprendre sans remors, ny s'y appliquer sans applaudissements (3) ». Il a montré dans des nations entières les enfants, les femmes s'exposant à de vives douleurs ou à la mort par imitation, par tradition, et pour une tradition souvent qui n'a aucun fondement rationnel. Et Locke écrit dans le même sens : « Si l'on réduisait à leur juste prix la morale et les différentes religions du monde, on trouverait que la plus grande partie des hommes ont adopté les opinions et les cérémonies pour lesquelles ils sont prêts à mourir, plutôt parce qu'elles sont reçues dans le pays où ils vivent et approuvées par les personnes de leur connaissance que par aucune raison qui les persuade de la vérité de ces choses (4) ». La conséquence de pareilles convic-

---

(1) Cf. en particulier III, 11.
(2) I, 14, éd. de Bordeaux, p. 60.
(3) I, 23, éd. de Bordeaux, p. 146.
(4) Ch. XXII, par. 119. « If a true estimate were made of the morality and religions of the world, we should find that the far greater part of mankind received even those opinions and ceremonies the would die for, rather from the fashions of their countries and the constant practise of those about them, than from any conviction of their reasons. »

tions est que la morale doit s'enseigner beaucoup moins par des préceptes et des théories que par l'exemple et par la pratique. C'est leur avis à l'un comme à l'autre.

« Permettez-moi, dit Locke, de remarquer ici une chose où l'on manque... dans la manière ordinaire d'élever les enfants, c'est qu'en toute rencontre on leur charge la mémoire de règles et de préceptes que souvent ils n'entendent point, et qu'ils oublient certainement aussitôt qu'on les leur a donnés (1). « N'oubliez pas, je vous prie, qu'il ne faut point instruire les enfants par de simples règles, qui leur échapperont incessamment de la mémoire. Mais ce que vous jugez qu'il est nécessaire qu'ils fassent, attachez-vous à le leur faire pratiquer exactement, aussi souvent que l'occasion s'en présentera, et s'il est possible, faites-en naître les occasions. Cela produira en eux des habitudes, qui, étant une fois établies, agiront d'elles-mêmes, facilement et naturellement, sans le secours de la mémoire (2). Montaigne estime de même que, de son temps, l'enseignement de la morale est purement verbal, parce qu'il se fait au moyen de préceptes qu'on se contente de répéter. « Notre institution ne nous a pas appris de suivre et embrasser la vertu et la

---

(1) Ch. V, par. 63. « Here give me leave to take notice of one thing I think a fault in the ordinary method of education ; and that is, the charging of children's memories, upon all occasions, with rules and precepts, which they often do not understand, and constantly as soon forget as given. »
(2) Ch. V, p. 67.

prudence, mais elle nous en a imprimé la derivation et l'étymologie. Nous sçavons decliner vertu, si nous ne sçavons l'aymer ; si nous ne sçavons que c'est que prudence par effect et par experience, nous le sçavons par jargon et par cœur. De nos voisins, nous ne nous contentons pas d'en sçavoir la race, les parentelles et les alliances, nous les voulons avoir pour amis et dresser avec eux quelque conversation et intelligence, elle nous apris les diffinitions, les divisions et particions de la vertu, comme des surnoms et branches d'une genealogie, sans avoir autre soing de dresser entre nous et elle quelque pratique de familiarité et privée acointance (1). Il oppose sans cesse « le dire » et « le faire (2) ». Le dire « seul est en honneur autour de lui. A la différence des autres enfants, son disciple à lui « ne dira pas tant sa leçon comme il la fera, il la repetera en ses actions. » La leçon morale se donnera donc à l'occasion des diverses circonstanses de la vie qui l'appelleront, elle sera de les exemples que la vie mettra sous les yeux de l'enfant et dans les reflexions que ces exemples appelleront, elle se fondra avec la vie et plongera tout entière dans l'action.

Montaigne confie cet enseignement moral, et par conséquent la direction de la vie de l'enfant, au gouverneur qu'il a placé auprès de lui. Locke est du

---

(1) II, 17, éd. de Bordeaux, p. 447.
(2) Cf. I, 26, édit. de Bordeaux, p. 217 et suivantes.

même avis. Il paraît faire pourtant plus large que Montaigne la part des parents. Il compte sur leurs exemples, sur leurs conversations familières. Il intitule un de ses chapitres ainsi : *Les parents doivent se familiariser avec leurs enfants*. Montaigne (nous l'avons vu) redoute le séjour de la maison pour l'enfant en bas âge ; mais, bien qu'il ne l'ait pas dit expressément, lorsque les années dangereuses sont passées, il attend sans doute des parents autant que du gouverneur. Tout son système semble impliquer leur collaboration avec le gouverneur. Quoi qu'il en soit, jusque dans le chapitre que Locke consacre à cette question, on sent passer, semble-t-il, quelques souvenirs de Montaigne ; particulièrement des souvenirs de l'essai intitulé : *De l'affection des pères aux enfants* (1). Le respect, disent-ils, l'un et l'autre, que les enfants doivent à leur parents ne doit pas empêcher qu'une douce familiarité règne entre eux. S'ils causent ensemble simplement de toutes choses et particulièrement des affaires domestiques, l'esprit des jeunes gens y gagnera en sérieux et en jugement, et puis des relations très douces s'établiront entre eux, précieuses aux uns comme aux autres. « J'essayeroy, disait Montaigne, par une douce conversation, de nourrir en mes enfants une vive amitié et bienveillance non feinte en mon endroict ; ce qu'on gaigne aiséement en une nature bien née... C'est

---

(1) II, 8.

injustice et folie de priver les enfans qui sont en aage de la familiarité des peres, et vouloir maintenir en leur endroict une morgue austere et desdeigneuse, esperant par là les tenir en crainte et obeissance (1). Et ailleurs : « Quant à moy, je treuve que c'est cruauté et injustice de ne les recevoir (les enfants) au partage et sociétés de nos biens, et compaignons en l'intelligence de nos affaires domestiques, quand ils en sont capables... Feu Monsieur le mareschal de Monluc, ayant perdu son filx qui mourut en l'isle de Madere, brave gentil'homme à la verité et de grande esperance, me faisoit fort valoir, entre ses autres regrets, le desplaisir et creve-cœur qu'il sentoit de ne s'estre jamais communiqué à luy et, sur cette humeur d'une gravité et grimace paternelle, avoir perdu la commodité de gouster et bien connoistre son fils, et aussi de luy declarer l'extreme amitié qu'il luy portoit et le digne jugement qu'il faisoit de sa vertu. Et ce pauvre garçon, disoit-il, n'a rien veu de moy qu'une contenance refroignée et pleine de mespris, et a emporté cette creance que je n'ay sçeu ny l'aimer, ny l'estimer selon son mérite. A qui gardoy-je à decouvrir cette singuliere affection que je luy portoy dans mon ame ? Estoit-ce pas luy qui en devoit avoir tout le plaisir et toute l'obligation ? Je me suis contraint et geiné pour maintenir ce vain masque ; et y ay perdu le plaisir de sa conversation, et sa volonté quant et quant,

---

(1) II, 8, éd. de Bordeaux, p. 79.

qu'il ne me peut avoir portée autre que bien froide n'ayant jamais receu de moi que rudesse, ny senti qu'une façon tyrannique (1). » Voici comment Locke s'exprime sur le même sujet : « Un père fera très bien, lorsque son enfant devient grand, et qu'il est capable d'entendre raison, de s'entretenir familièrement avec lui, et même de lui demander son avis sur les choses dont il a quelque connaissance ou qu'il peut comprendre... Vous gagnerez par là son amitié. Il y a plusieurs pères qui accordent libéralement à leurs enfants toutes les permissions qui conviennent à leur âge et à leur condition, mais qui ne leur donnent pas plus de connoissance de leurs biens et de leurs affaires que s'ils étaient des étrangers. Si ce n'est pas par jalousie qu'ils en usent de la sorte, du moins peut-on dire qu'il ne paraît dans ce procédé aucune marque de cette tendresse et de cette ouverture de cœur qu'un père doit témoigner à son enfant : et il ne faut pas douter qu'une telle conduite ne réprime ou ne rabatte bien souvent ces mouvements de joie et de satisfaction avec lesquels un enfant s'adresserait à son père ou se reposerait sur lui. Pour moi, je ne puis assez m'étonner toutes les fois que je vois des pères qui, malgré l'amour tendre et sincère qu'ils ont pour leurs enfants, se font une affaire, par je ne sais quelle fermeté mal entendue, de les traiter toujours avec hauteur, et de n'entretenir aucune familiarité

---

(1) II, 8, éd. de Bordeaux, pp. 72 et 84.

avec eux, comme si ces pauvres enfants ne devaient recevoir aucun plaisir ni aucun bien des personnes qu'ils aiment le plus au monde, qu'après qu'elles leur ont été enlevées par la mort. Rien ne cimente et ne confirme tant l'amitié et la bonne intelligence que de se faire une mutuelle confidence de ses affaires et de ses intérêts. Toute amitié qui est destituée de cet appui entraîne toujours après soi quelque méfiance. C'est pourquoi si votre enfant voit que vous lui découvriez vos pensées, et que vous l'intéressiez dans vos affaires comme dans des choses que vous voulez lui remettre un jour entre les mains, il y prendra part comme à ses propres affaires ; il attendra patiemment que son temps vienne d'en avoir l'administration... (1) ». Une autre

---

(1) Ch. X, par. 98 et 99. « A father will do well, as his son grows up, and is capable of it, to talk familiarity with him, nay, ask his advice and consult with him about those things wherein he has any knowledge or understanding... Another thing... which you will obtain by such a way of treating him, will be his friendship. Many fathers, though they proportion to their sons liberal allowances, according to their age and condition, yet they keep the knowledge of their estates and concerns from them with as much reservedness as if they were guarding a secret of state from a spy or an enemy. This, if it looks not like jealousy, yet it wants those marks of kindness and intimacy which a father should show to his son, and no doubt often hinders or abates that cheerfulness and satisfaction wherewith a son should address himself to and rely upon his father. And I cannot but often wonder to see fathers, who love their sons very well, yet so order the matter by a constant stiffness, and a mien of authority and distance to them, all their lives, as if they were never to enjoy, or have any comfort from those they love best in the world, till they had lost them, by being removed into another. Nothing cements and establishes friendship and goodwill so much as confident communication of concernments and affairs. Other kindnesses, without this, leave still some doubts ; but when

fois encore Locke a fait une allusion moins discrète à l'empressement que témoignent parfois les enfants durement traités de succéder à leurs pères dans la possession de leurs biens. « Vous ne sauriez plus mal faire que de les traiter d'une manière sévère et impérieuse, lorsque, devenus hommes, ils ont leur propre raison pour leur servir de guide ; à moins que vous ne vouliez obliger vos enfants à se dégoûter de vous lorsqu'ils seront grands, et à dire secrètement en eux-mêmes, quand mourrez-vous donc, mon père ? (1) ». La même allusion est chez Montaigne ; « Voulons-nous estre aimez de nos enfants ? Leur voulons nous oster l'occasion de souhaiter notre mort (combien que nulle occasion d'un si horrible souhait peut estre ny juste ny excusable... ? Accommodons leur vie raisonnablement de ce qui est en nostre puissance (2).

Si, en conversant ainsi familièrement avec leurs enfants, les parents savent se faire aimer d'eux, ils pourront seconder très efficacement le gouverneur dans sa tâche. Leur rôle sera le même. Il consistera à mettre l'enfant en face des cas moraux que la vie

---

your son sees you open your mid to him, when he finds that you interest him in your affairs, as things you are willing should in their turns come into his hands, he will be concerned for them as for his own, wait his season with patience. »

(1) Ch. II, par. 41. « Imperiousness and severity is but an ill way of treating men, who have reason of their own to guide them, unless you haue a mind to make your children, when grown up, weary of you, and secretly to say within themselves ; « When will you die, father? »

(2) II, 8, éd. de Bordeaux, p. 75.

fait naître et à le faire raisonner sur ces cas. « Il faudrait surtout lui proposer des cas sur la morale, sur le moyen de conduire prudemment ses affaires dans le monde, et sur la civilité, et lui en demander son avis (1) ». C'est exactement l'application de la méthode que Montaigne avait préconisée plus d'un siècle auparavant.

Elle avait ceci de nouveau qu'elle reposait essentiellement sur la raison, et qu'elle rejetait l'autorité. Aussi servait-elle puissamment à l'exercice de la raison. Chez Montaigne la culture morale et la culture intellectuelle allaient de pair. Les exemples moraux servaient de matière au jugement ; l'intelligence se formait dans l'examen des idées morales. Là est peut-être le trait caractéristique de ses théories, et ce trait, nous le retrouvons chez Locke.

---

(1) Ch. X, par. 101. « Particularly in morality, prudence and breeding cases should be put to him and his judment asked. »

CHAPITRE V

La Culture intellectuelle

Nous avons vu Montaigne et Locke décharger la mémoire d'une culture scientifique trop pesante qui l'accablait. Ce n'est pas à dire, bien entendu, qu'il ne sera plus question de connaissances exactes. Montaigne n'a pas pris soin de nous faire savoir quelle place il leur réservait. Il n'a voulu qu'indiquer les principes directeurs de sa pédagogie. Locke s'est montré plus précis. Le cadre et les dimensions de son traité l'invitaient à entrer dans plus de détails. Il nous dit donc dans quelle mesure on doit enseigner aux enfants la géographie, la chronologie, l'arithmétique, la géométrie. Déjà nous trouvons ici cette confiance dans la vertu éducative des mathématiques (1) qui devait s'exprimer plus tard si vivement dans la conduite de l'esprit. Il leur fait ici la part moins belle que dans cet opuscule, trop belle pourtant aurait sans doute pensé Montaigne.

---

(1) Cf. ch. XXIII, par. 180-200 et aussi *De la conduite de l'esprit dans la recherche de la vérité*, ch. VII.

D'une façon générale cependant nous pouvons dire qu'en tout ceci Locke précise le programme de Montaigne, il ne le contredit pas.

Le point essentiel n'est d'ailleurs pas ici dans la matière enseignée, mais dans la manière d'enseigner. Il ne faut pas user de leçons ex professo. Elles ne peuvent qu'ennuyer les enfants et les dégoûter de l'étude. L'enfant doit apprendre sans s'en apercevoir, en se jouant. La leçon se greffera sur les occupations quotidiennes et se glissera dans l'esprit à leur faveur. Quand elle réclamera son heure à elle, autant que possible on devra imaginer un jeu qui la dissimule et la rende aimable. « Quant au grec, dit Montaigne..., mon pere desseigna me le faire apprendre par art, mais d'une voie nouvelle, par forme d'ebat et d'exercice. Nous pelotions nos déclinaisons à la maniere de ceux qui par certains jeux de tablier, apprennent l'Arithmétique et la Geometrie (1) ». Locke use du même procédé. « J'ai pensé que si les jeux étaient tournés de ce côté là, au lieu que d'ordinaire ils ne tendent à rien, on pourrait trouver plusieurs moyens d'apprendre à lire aux enfants, pendant qu'ils s'imagineraient ne faire autre chose que jouer. On pourrait faire, par exemple, une boule d'ivoire semblable à celles dont on se sert dans la loterie du Royal-oak, laquelle eût trente-deux faces, ou plutôt vingt-quatre, ou vingt-cinq. Et sur plusieurs de ces faces on collerait un A,

---

(1) I, 26, éd. de Bordeaux, p. 226.

sur plusieurs autres un B, sur d'autres un C, et sur d'autres un D... Lorsque par ce moyen il connaîtra les lettres, il peut, en les assemblant, apprendre à lire sans savoir comment il le fait, et sans avoir jamais été querellé ou chagriné pour cela, et enfin sans contracter aucune aversion pour les livres à cause des rudes traitements qu'ils lui ont attirés (1) ». Locke propose d'autre jeux encore qui tendent au même but, de rendre l'étude aimable.

Ensuite il convient que le gouverneur ne se contente pas de parler, il doit faire parler son disciple et stimuler ainsi son activité intellectuelle. « Je voudrois... que de belle arrivée, dit Montaigne, selon la portée de l'ame qu'il a en main, il commençast à la mettre sur la montre, lui faisant gouster les choses, les choisir et discerner d'elle mesme : quelquefois luy ouvrant chemin, quelquefois le luy laissant ouvrir. Je ne veux pas qu'il invente et parle seul, je veux qu'il escoute son disciple parler à son tour... (2) ». Et Locke reprend de même :

---

(1) Ch. XXIII, par. 153 et 154. « I have therefore thought that if play-things were fitted to this purpose, as they are usually to none, contrivances might be made to teach children to read, whilst they thought they were only playing. For example what if an ivory ball were made like that of the Royal-oak lottery, with thirty-two sides, or one rather of twenty-four, or twenty-five sides, and upon several of those sides, pasted on a A, upon several others B, on others C, and on others D? .. When by this means, he knows the letters, by changing them into syllables, he may learn to read, without knowing how he did so, and never have any chiding or trouble about it, nor fall out with books, because of the hard usage and vexation they had caused him. »

(2) I, 26, éd. de Bordeaux, p. 197.

« Au lieu d'employer tout le temps qu'ils sont ensemble à lui faire des leçons et à lui dicter d'un ton de maître ce qu'il prétend lui faire observer, il faut qu'il l'écoute à son tour et qu'il l'accoutume à raisonner sur les choses qu'il lui propose. Ses règles seront par ce moyen reçues plus agréablement et feront de plus fortes impressions... (1) ».

Quant au fond des choses, on sait que Montaigne proposait comme objet principal à son disciple la connaissance des hommes. C'est en effet de cette connaissance là qu'un gentilhomme a besoin pour se rendre agréable dans le monde. « Les arts servent toutes aucunement en quelque maniere à l'instruction de nostre vie et à son usage, come toutes autres choses y servent en quelque maniere aussi. Mais choisissons celle qui y sert directemant et professoirement. Si nous sçavions restreindre les apartenances de notre vie à leurs justes et naturels limites, nous trouverrions que la meillure part des sciences qui sont en usage est hors de nostre usage, et en celles mesmes qui le sont, qu'il y a des estendues et enfonceures tres inutiles que nous fairions mieux de laisser la et, suivant l'institution de Socrates, borner le cours de nostre estude en icelles où faut l'utilité (2) ». C'est sur ce principe que se fonde

---

(1) Ch. X, par. 101. « All their time together should not be spent in reading of lectures, and magisterially dictating to him, what he is to observe and follow. Hearing him in his turn, and using him to reason about what is proposed, will make the rules go down the easier, and sink the deeper. »

(2) I, 26, éd. de Bordeaux, p 206.

Montaigne pour imposer à son disciple presque uniquement l'étude de la morale individuelle, qui doit l'aider à régler sa vie, et la connaissance des hommes, qui réglera ses relations avec ses semblables. Du même principe Locke tirera les mêmes conclusions. Après la vertu, il prétend enseigner à son disciple la prudence et la civilité. Le savoir ne viendra qu'ensuite et bien au-dessous Or la prudence et la civilité s'acquièrent par le commerce des hommes et par la connaissance du monde. « Telle est la nature d'une grande partie du savoir qui est aujourd'hui à la mode dans nos écoles d'Europe et qui y fait pour l'ordinaire un point essentiel de l'éducation qu'un gentilhomme peut fort bien s'en passer sans que sa personne ou ses affaires en souffrent beaucoup. Il n'en est pas de même de la civilité et de la prudence : ce sont des qualités nécessaires dans tous les états et dans toutes les occurences de la vie : et la plupart des jeunes gens souffrent pour en être privés. Cependant..... ces qualités dont un jeune homme a le plus besoin et qu'un gouverneur devrait surtout tâcher de lui procurer par ses soins, ne sont généralement regardées que comme un article si peu considérable dans l'éducation des enfants, qu'on s'imagine qu'un précepteur peut fort bien ne pas s'en mettre beaucoup en peine, ou même les négliger absolument. C'est le latin et la science, qu'on considère surtout dans cette affaire ; d'où il arrive que l'on fait dépendre le point essentiel de l'éducation d'un gentilhomme, du progrès qu'il fait dans des choses dont une grande partie n'intéresse en rien sa profession, qui consiste à s'entendre aux affaires du monde, à avoir des manières conformes à son rang, et à se distinguer dans son poste, en servant dignement sa patrie. Voilà à quoi il faudrait le former dès sa jeunesse..... Puisqu'on ne peut espérer qu'il ait le temps et la force d'apprendre toutes choses, il est visible qu'il faudrait s'appliquer surtout à lui enseigner celles dont il a le plus de besoin, et qui lui doivent être d'un plus grand et d'un plus fréquent usage dans le monde..... Non vitæ sed scholæ discimus (1) ». Montaigne avait cité cette même sentence de Sénèque (2) en lui accordant la même valeur.

« Non vitæ sed scholæ discimus » (3). Nous

---

(1) Ch. IX, p. 97. « A great part of the learning now in fashion in the schools of Europe, and that goes ordinarily into the round of education a gentleman may in a good measure be unfurnished with, without any great disparagement to himself or prejudice to his affairs. But prudence and good-breeding are in all the stations and occurrences of life necessary; and most young men suffer in the want of them, and come... These qualities, which are of all others the most necessary to be taught, and stand most in need of the assistance and help of a teacher, are generally neglected and thought but a slight, or no part of a tutor's business. Latin and learning make all the noise; and the main stress id laid upon his proficiency in things, a great part whereof belong not a gentleman's calling; which is to have the knowledge of a man of business, a carriage suitable to his rank, and to be eminent and useful in this country, according to his station... Since it cannot be hoped he should have time and strength to learn all things, most pains should be taken about that which is most necessary; and that principally looked after, which will be of most and frequentest use to him in the world... Non vitæ sed scholæ discimus. »

(2) I, 25, éd. de Bordeaux, p. 181.

(3) I, 23 éd. de Bordeaux, p. 181.

apprenons pour l'école, non pour la vie. Notre instruction est vaine ; c'est une instruction de parade. Et pour réformer cet abus, voici l'un des principaux conseils de Locke. « Le gouverneur de vos enfants doit non seulement être bien élevé, il faut encore qu'il connaisse bien le monde, c'est-à-dire le génie, les caprices, les folies, les fourberies et les défauts de son siècle, et surtout du pays où il vit ».

Il faut qu'il puisse faire voir toutes ces choses à son élève, à mesure qu'il l'en trouve capable. Il doit lui apprendre à connaître les hommes et leurs différents caractères, les lui montrer tels qu'ils sont, en leur ôtant le masque dont leurs différentes professions, ou divers prétextes les obligent à se couvrir, et lui faire discerner ce qui est caché véritablement sous ces fausses apparences, afin qu'il ne lui arrive point, comme à la plupart des jeunes gens sans expérience, de prendre une chose pour une autre de juger par l'extérieur, et de se laisser tromper par de beaux semblants, et par des manières flatteuses et insinuantes. Il devrait l'instruire à observer les desseins de ceux avec qui il a à faire, sans être ni trop soupçonneux ni trop crédule, et selon que son naturel le fait plus pencher d'un côté que de l'autre ; le redresser et lui faire prendre la route opposée. Il devrait l'accoutumer autant qu'il est possible, à juger sainement les hommes par les marques qui servent le mieux à faire connaître ce qu'ils sont, et à découvrir leur intérieur qui bien souvent se montre dans de petites choses, surtout lorsqu'ils ne sont pas sur leurs gardes et pour ainsi dire sur le théâtre... (2) » Et comme Montaigne, Locke sait que c'est une science très difficile, digne d'une longue étude et qui ne s'acquiert que par une ample expérience. « J'avoue que, comme c'est à connaître les hommes que consiste la plus grande partie de notre sagesse, cette connaissance ne saurait être l'effet de quelques pensées superficielles, ou d'une grande lecture, mais plutôt le fruit de l'expérience, et des observations réitérées d'un homme qui a vécu dans le monde les yeux ouverts, et qui est rompu au commerce de toutes sortes de personnes..... Un père qui ne croit pas que ce soit là ce qui importe le plus à son fils, ni qu'il soit plus nécessaire de lui donner un habile gouverneur pour ce sujet, que pour lui

---

(2) Ch. IX, par. 97. « Besides being well-bred, the tutor should know the world well : the ways, the humours, the follies, the cheats, the faults of the age he has fallen into, and particularly of the country he lives in. These he should able to show to his pupil as he finds him capable; teach him skill in men, and their manners, pull off the mask which their several callings and pretences cover them with, and make his pupil discern what lies at the bottom, under such appearances, that he may not, as unexperienced young men are apt to do, if they are unwarned, take one thing for another, judge by the outside and give himself up to show, and the insinuation of a fair carriage, of an obliging application. A governor should teach his scholar to guess at, and beware of the designs of men he hath to do with, neither with too much suspicion, nor to much confidence ; but as the young man is by nature most inclined to other side, rectify him, and bend him the other way. He should accustom him to make, as much as is possible, a true judgment of men by those marks which serve best to show what they are, and give a prospect into their inside, which often shows itself in little things, especially when the are not in parade, and upon their guard. »

apprendre les langues et les sciences, ne prend pas garde qu'il est beaucoup plus utile de bien juger des hommes, et de ménager prudemment les affaires qu'on a à démêler avec eux, que de parler grec et latin, ou d'argumenter en forme, ou d'avoir la tête pleine de spéculations abstruses de physique ou de métaphysique..... » (1). « S'ils voulaient consulter la raison, elle leur montrerait sans doute, que leurs enfants devraient employer leur temps à apprendre ce qui pourra leur être utile lorsqu'ils seront hommes, plutôt que de se remplir la tête de choses frivoles, à quoi pour l'ordinaire ils ne pensent jamais plus le reste de leur vie, et dont certainement ils n'ont jamais besoin, de sorte que tout ce qu'ils en retiennent ne sert qu'à les rendre pires qu'ils ne seraient s'ils l'oubliaient entièrement, ou qu'ils ne l'eussent jamais appris (2).

(1) Ibidem. « This, I confess, containing one great part of wisdom, is not the product of some superficial thoughts, or much reading, but the effect of experience and observation in a man, who has lived in the world with his eyes open, and conversed with men of all sorts..... He that thinks not this of more moment to his son and for which he more need a governor, than the languages and learned sciences, forgets of how much more use it is to judge right of men, and manage his affairs wisely with them than to speak greek and latin, or argue in mood and figure ; or to have his head filled with the abstruse speculations, of natural philosophy and mathematics. »

(2) Ibidem. « Reason, if consulted with, would advise that their children's, time should be spent in acquiring what might be useful to them when they come to be men, rather than to have their heads stuffed with a deal of trash, a great part whereof the usually never do (it is certain they never decid need to) think on again as long as they live ; and so much of it as does stick by them, they are only the worse for. »

Pour acquérir cette connaissance des hommes, Montaigne préconisait trois moyens principaux : la fréquentation du monde, les voyages et la lecture des histoires. Nous allons les retrouver tous les trois chez Locke.

Dès le plus jeune âge, il veut que l'enfant voie des étrangers dans la maison de son père et qu'il accompagne ses parents dans leurs visites de civilité (1). Dans la suite il tiendra plus encore à la fréquentation de nombreuses compagnies, et il donnera comme première règle de s'y rendre agréable à tous. Il y veut, bien entendu, beaucoup de politesse, et la politesse est l'une des premières qualités qu'il exige de son gouverneur. Mais la politesse (ne nous y trompons pas) ne consiste pas en gestes et en formules. C'est une manière d'être qui donne de la bonne grâce à tout ce que nous faisons et disons.« Sans la politesse, dit Locke, le savoir n'est que pédantisme » (2). C'est ce que Montaigne avait remarqué tant de fois. Aussi bien qu'à Montaigne l'abus des civilités lui semble blâmable et de mauvais ton. Un défaut contraire à la véritable politesse, c'est un excès de cérémonies, et un attachement opiniâtre à engager une personne à recevoir un honneur qui ne lui appartient pas, et qu'il ne peut accepter sans passer pour fou, ou sans se couvrir de confusion. » (3) « J'ay veu, disait de même Montaigne,

---

(1) Ch. VII, par. 72.
(2) Ch. IX, par. 96.
(3) Ch. XXII, par. 147. « There is anoter fault in good manners

des hommes incivils par trop de civilité, et importuns de courtoisie. » (1) Locke demande qu'on ne bride pas les manières des jeunes gens par un trop grand nombre de règles de civilité. (2) Montaigne avait affecté le même mépris pour les cérémonies trop superstitieuses. (3)

Un autre vice, sinon plus grave, du moins plus fréquent, que l'excès de civilité, c'est un manque de civilité qui procède de notre vanité. Nous ne songeons dans la conversation qu'à faire parade de notre savoir et de notre jugement, qu'à éblouir de notre « suffisance » ceux qui s'entretiennent avec nous. Au lieu de les écouter et de profiter de leurs idées nous prenons sans cesse la parole pour exposer les nôtres, nous discutons pour garder le dernier mot et nous assurer toujours la victoire. De là ces contestations perpétuelles où les deux adversaires n'ont aucun souci de s'éclairer l'un l'autre et de parvenir à la vérité, et querellent à perte de vue. C'est une des leçons principales que Montaigne donne dans son essai *De l'art de conférer*, (4) et lorsqu'il met à la portée des enfants les principaux préceptes de cet art il dit expressément : « En cette eschole du commerce des hommes, j'ay souvent remarqué ce vice, qu'au lieu

and that is excess of ceremony, and obstinate persisting to force upon another what is not his due, and what he cannot take without folly or shame. »
(1) I, 13.
(2) Ch. XXII, par. 143.
(3) I, 13.
(4) III, 8.

de prendre connoissance d'autruy nous ne travaillons qu'à la donner de nous, et sommes plus en peine d'employer nostre marchandise que d'en acquerir de nouvelle. Le silence et la modestie sont qualitez très commodes à la conversation. On dressera cet enfant à estre espargnant et mesnagier de sa suffisance, quand il l'aura acquise... (1) Locke recommande instamment la même réserve. « Il y a une sorte d'incivilité que les jeunes gens contractent fort aisément, si l'on ne les en détourne de bonne heure ; c'est un empressement à interrompre ceux qui parlent et à les arrêter en les contredisant. Je ne sais si cet empressement des jeunes gens à relever ce qui se dit en leur présence, et à ne pas laisser échapper la moindre occasion de faire paraître leur esprit, vient de la coutume de discuter si fort établie dans les écoles, et de la réputation d'esprit et de savoir qu'on y attache ordinairement, comme si la dispute était la seule preuve d'habileté; mais je trouve que les savants de profession sont le plus blâmés de ce défaut... Ce n'est pas l'opposition aux sentiments d'autrui que je blâme, mais la manière de contredire. Il faudrait apprendre aux jeunes gens à ne pas s'empresser de dire leur avis qu'ils ne soient priés de le faire, ou que les autres n'aient achevé de parler... (2) ». Sans faire remonter, comme

---

(1) I, 26, éd. de Bordeaux, p. 199.

(2) LOCKE, ch. XXII, par. 148. « Though children, when little, should not be much perplexed with rules and ceremonious parts of breeding, yet there is a sort of unmannerliness very apt to grow

Locke, la responsabilité de ce vice aux disputes d'écoles, Montaigne avait indiqué avant lui que les hommes de savoir y sont communément le plus enclins. Et comme Locke il avait dit que ce qu'il critiquait ce n'était pas l'opposition des sentiments, que toutes idées lui étaient bonnes, qu'il n'en était aucune qu'on ne pût exprimer librement, que l'opposition stimulait agréablement sa pensée; c'était la manière de contredire, pour contredire, pour disputer et faire étalage de sa suffisance (1).

Il s'indignait surtout contre ceux auxquels leurs préjugés ôtent toute liberté d'esprit et qui se scandalisent de tout. Ceux-là lui semblaient particulièrement incivils. Il veut qu'on enseigne avec un soin particulier à l'enfant « à ne se formalizer point des sottises et fables qui se diront en sa presence, car c'est une incivile importunité de choquer tout ce qui n'est pas de nostre goust. » (2) De même que le corps doit se plier à toutes les habitudes pour se rendre agréable

---

up with people, if not early restrained and that is a forwardness to interrupt others that are speaking, and to stop them with some contradiction. Whether the custom of disputing, and the reputation of parts and learning usually given to it, as if it were the only standard and evidence of knowledge, make young men so forward to watch occasions to correct others in their discourse and not to slip any opportunity in showing their talents, so it is, that I have found scholars most blamed in this point... that I speak against, but the manner of doingt it. Young men should be taught not to be forward to interpose their opinions, unless asked, or when others have done... »

(1) Voir pour toutes ces idées III, 8, au début.
(2) I, 26, éd. de Bordeaux, p. 200.

en toutes compagnies, de même l'âme doit s'assouplir à toutes les idées. C'est que, pour Montaigne comme pour Locke, la civilité n'a pas pour unique objet d'assurer au jeune gentilhomme les plaisirs de la société en rendant à tous son abord agréable. Sans doute c'est là son principal objet, et un objet qu'on doit estimer d'importance capitale quand on songe à toute la place qu'occupent les relations mondaines dans la vie d'un gentilhomme, mais ce n'est pas le seul. Elle doit encore, en lui procurant le commerce de ses semblables, élargir son esprit, l'enrichir d'idées nouvelles, lui donner une connaissance profonde des hommes et des choses, cette expérience de la vie qui est si nécessaire pour le maniement des affaires.

Mais à ce point de vue les voyages offrent un champ d'observations beaucoup plus étendu. Aussi nos deux auteurs y attachent-ils une grande importance. « La visite des pays estrangers, y est merveilleusement propre (à l'apprentissage du jugement), non pour en rapporter seulement à la mode de nostre noblesse françoise, combien de pas à Santa Rotonda, ou la richesse des calessons de la Signora Livia, ou, comme d'autres, combien le visage de Neron, de quelque vieille ruyne de là, est plus long ou plus large que celuy de quelque pareille medaille, mais pour en rapporter principalement les humeurs de ces nations et leurs façons, et pour frotter et limer nostre cervelle contre celle d'autruy. Je voudrois qu'on commençast à le promener dès sa tendre enfance, et premièrement, pour faire d'une pierre deux coups, par les nations voisines où le langage est plus esloigné du nostre, et auquel, si vous ne la formez de bon' heure, la langue ne se peut plier. » (1). L'essentiel est de savoir voyager, de ne pas laisser absorber son attention par des frivolités oiseuses, mais de la donner tout entière à des objets vraiment instructifs, l'étude des langues, et surtout l'étude des mœurs. Locke n'a pas pu connaître le *Journal de voyage* de Montaigne puisque ce journal n'a été publié qu'en 1774. Il y aurait trouvé sa théorie mise en pratique et il aurait compris par des exemples comment son devancier entendait l'utilisation des voyages en vue de la formation du jugement. Il a lu du moins l'essai *De la vanité* (III, 9) dont une importante partie est consacrée à nous apprendre comment Montaigne voyage, le plaisir et le fruit qu'il trouve à cet exercice. Toujours est-il que si Locke tient tant à faire voyager son disciple, c'est parce qu'il en attend les deux mêmes avantages que Montaigne (2). « La dernière chose à quoi l'on songe ordinairement dans l'éducation d'un jeune gentilhomme, c'est à le faire voyager. On croit communément que c'est par là qu'on peut mettre la dernière main à cet important ouvrage, et rendre un jeune homme entièrement accompli. J'avoue que les voyages dans des pays

---

(1) I, 26, éd. de Bordeaux, p. 198.
(2) Cf. LOCKE, ch. XXVII, par. 219-223.

étrangers sont d'une fort grande utilité, mais je crois que le temps qu'on choisit d'ordinaire pour envoyer les jeunes gens hors de chez eux est cause, entre autres choses, qu'ils sont moins en état de profiter de leurs voyages. Tous les avantages qu'on se propose dans cette occasion peuvent se réduire à ces deux qui sont les plus importants : le premier consiste à apprendre les langues étrangères, et l'autre, à se rendre plus sage et plus prudent en conversant avec des hommes et des peuples qui n'ont ni le même tempérament ni les mêmes mœurs, et qui surtout diffèrent par tous ces endroits des personnes de sa paroisse et de son voisinage (1) ». Pour Locke comme pour Montaigne le second de ces avantages est le principal et il indique les précautions à prendre pour en assurer le bénéfice à son disciple : « J'avoue que la connaissance des hommes est l'effet d'une si grande habileté qu'un jeune homme ne saurait y être consommé tout d'un coup, mais cependant les voyages qu'il fait dans les pays étrangers ne lui sont pas fort utiles, s'ils ne servent

---

(1) Cf. LOCKE, ch. XXVII, par. 219. « The last part usually in education is travel, which is commonly thought to finish the work, and complete the gentleman. I confess travel into foreign countries has great advantages, but the time usually chosen to send young men abroad is, I tink, off all other, that which renders them least capable of reaping those advantages. Those which are proposed, as to the main of them, may be reduced to these two, first, language ; secondly, on improvement in wisdom and prudence, by seeing, and conversing with people of tempers, customs and ways of living, different from one another, and especially from those of his parish and neighbourhood. »

un peu à lui ouvrir les yeux, à le rendre circonspect et retenu, à l'accoutumer à pénétrer au delà de l'écorce et des simples apparences, et enfin à conserver, à la faveur d'une conduite civile et obligeante, une honnête liberté avec les étrangers et avec toutes sortes de personnes, sans choquer en aucune manière la bonne opinion qu'ils ont d'eux-mêmes. Un jeune homme qui commence à voyager dans un âge raisonnable, et dans le dessein de profiter, peut s'entretenir et faire connaissance avec les personnes de qualité qui sont dans les lieux où il va. C'est là sans contredit l'une des choses les plus avantageuses à un gentilhomme qui voyage dans des pays étrangers; mais, je vous prie, parmi nos jeunes gens qui voyagent avec des gouverneurs, en voit-on un entre cent qui dans les pays étrangers rende visite à des personnes de qualité ? Moins encore arrive-t-il qu'ils fassent connaissance avec des gens de qui ils pourraient apprendre en quoi consiste la politesse dans ces pays-là et ce qui s'y trouve de plus remarquable : quoiqu'avec de telles personnes on puisse plus apprendre en un jour qu'en courant un an çà et là d'hôtellerie en hôtellerie, comme font la plupart de nos jeunes voyageurs » (1).

---

(1) Ibid. par. 221. I confess, the knowledge of men is so great a skill, that it is not to be expected a young man should presently be perfect in it. But yet his going abroad is to little purpose, if travel does not sometimes open his eyes, make him cautious and wary, and accustom him to look beyond the outside, and, under the inoffensive guard of a civil and obliging carriage, keep himself free and safe in his conversation with strangers, and all sort of

C'est pour ces raisons que Locke fixe à peu près de la même manière que Montaigne l'âge propice aux voyages. « Ordinairement, dit-il, les jeunes gentilshommes vont à l'étranger au moment où leur éducation s'achève, entre 16 et 20 ans. C'est l'âge où l'entraînement des passions leur rend les mauvais exemples particulièrement redoutables ; c'est l'âge surtout dans lequel, sans être encore capables d'observer et de réfléchir utilement par eux-mêmes, ils ne veulent plus se laisser guider par leur gouverneur et profiter de son expérience. Aussi, pour que son jugement en titre tout le profit possible, Locke veut que son disciple voyage ou plus tard ou plus tôt. Mais puisqu'il se propose encore de lui faire apprendre les langues, entre ces deux alternatives son choix ne saurait être douteux. Comme Montaigne, il estime que l'enfant doit s'éloigner très jeune avec son gouverneur : « Le véritable temps pour apprendre des langues étrangères, et pour s'accoutumer à les prononcer comme

people, without forfeiting their good opinion. He that is sent out to travel at the age, and with the thoughts of a man designing to improve himself, may get into the conversation and acquaintance of persons of condition where he comes ; which, though a thing of condition where he comes ; which, though a thing of most advantage to a gentleman that travels ; yet, I ask, amongst our young men, that go abroad under tutors, what one is there of an hundred, that ever visits any person of quality ? much less make an acquaintance with such, from whose conversation he may learn what is good breeding in that country, and what is worth observation in it ; though from such persons it is, one may learn more in one day, than in a year's rambling from one inn to another.

il faut, devrait être, à mon avis, depuis sept ans jusqu'à 15 ou 16 (1) ».

Les voyages nous permettent de converser avec des hommes qui vivent loin de nous dans l'espace et de nous instruire à leur contact. Montaigne et Locke veulent encore étendre dans le temps le commerce des hommes, nous faire participer à la sagesse de ceux qui ont vécu dans le passé. Voilà pourquoi tous les deux ils attachent tant de prix à l'histoire. L'un et l'autre ils la conçoivent comme un répertoire d'actions humaines et une école de morale. « En cette practique des hommes », disait Montaigne, « j'entends y comprendre, et principalement, ceux qui ne vivent qu'en la mémoire des livres. Il practiquera, par le moyen des histoires, ces grandes ames des meilleurs siecles. C'est un vain estude qui veut ; mais qui veut aussi, c'est un estude de fruict inestimable... Quel profit ne fera-il en cette part là, à la lecture des vies de nostre Plutarque ? Mais que mon guide se souvienne où vise sa charge ; et qu'il n'imprime pas tant à son disciple la date de la ruine de Carthage que les meurs de Hannibal et de Scipion, ny tant où mourut Marcellus, que pourquoy il fut indigne de son devoir qu'il mourût là. Qu'il ne lui apprenne pas tant les histoires, qu'à en juger » (2). Il a dit

---

(1) Cf. LOCKE. ch. XXVII, par. 219. « The first season to get foreign languages, and form the tongue to their true accents, I should think, should be from seven to fourteen or sixteen. »

(2) I, 26, éd. de Bordeaux, p. 202.

ailleurs, dans l'essai *Des livres* quelle place tenait dans sa vie intellectuelle la lecture des historiens, et ne l'eût il pas dit, son œuvre serait là, avec ses emprunts si nombreux aux histoires les plus variées, pour nous le révéler. Les historiens sont sa « droite bale, ils sont plaisans et aysez » (1), et puis nulle part mieux que chez eux on ne peut apprendre à connaître l'homme. Pour un gentilhomme comme lui il éprouvait que la lecture de l'histoire était une occupation très recommandable, et c'est pourquoi il devait la recommander au jeune gentilhomme pour lequel il traçait un programme d'éducation. Locke estime de même que rien n'est plus instructif que l'histoire et que « rien n'est aussi plus agréable (2). Il dit encore que l'histoire est « la véritable école de la prudence et de la politique » et qu'elle doit être l'étude particulière des personnes de qualité et des gens du monde (3). Et si l'étude de la chronologie lui paraît nécessaire pour que l'enfant embrasse les ensembles et saisisse l'enchaînement des faits, il recommande instamment qu'on ne charge pas sa mémoire de précisions inutiles et de disputes oiseuses en matière de dates (4).

Ainsi la formation du jugement marche de pair avec la culture morale. Elles ne se séparent

---

(1) II, 10.
(2) Locke, ch. XXIII, par. 189.
(3) Locke, ch. XXIII, par. 187.
(4) Locke, ch. XXIII, par. 188.

pas l'une de l'autre. C'est constamment sur des actions humaines que s'exerce l'intelligence. Elle s'attache à les contrôler, à les interpréter, à les comprendre, à juger leurs auteurs. Propos recueillis dans une réunion d'amis, usages observés dans quelque pays lointain, actions individuelles ou traits de mœurs relatés par quelque historien digne de foi, tout est également bon. De tout cela également l'enfant apprend à connaître les hommes, et, par là à redresser son jugement et à rectifier sa conduite. Comme Montaigne, au reste, Locke fait une place dans son programme aux traités de philosophie morale. Il la fait plus petite que Montaigne. Son disciple lira pourtant le *De officiis* de Cicéron, et des ouvrages que Montaigne n'avait pas pu connaître, les célèbres traités de Grotius et de Pufendorf. Tous deux sont d'accord cependant pour reconnaître que la morale s'enseigne par la pratique bien plus que par la théorie, qu'elle se forme au contact des autres hommes, en examinant leur conduite et en réfléchissant sur elle. Les discussions à perte de vue relatives au souverain bien leur semblent vaines. Un livre moral utile est celui qui présente des exemples concrets, qui les commente, qui se tient toujours tout près de la réalité. Celui-là seul est vraiment profitable pour l'esprit, le nourrit d'aliments solides au lieu que les autres l'énervent ou l'empoisonnent. Il mûrit le jugement, sans risquer de le fausser avec des subtilités dialectiques.

CHAPITRE VI

Conclusion

Montaigne et Locke ont cru l'un et l'autre, et cru avec une conviction ardente, à l'efficacité des principes d'éducation qu'ils professaient. L'éducation leur apparaissait comme une affaire d'une extrême importance. Ils avaient foi dans sa puissance. « De cent personnes », dit Locke, « il y en a quatre-vingt-dix qui sont ce qu'ils sont, bons ou mauvais, utiles ou inutiles à la société, par l'éducation qu'ils ont reçue. C'est de là que vient la grande différence des hommes (1). La même confiance transpire partout dans l'essai de Montaigne, bien qu'il ne l'ait pas expressément professée. Il suffit de voir quelles responsabilités il fait porter au système pédagogique en vigueur de son temps lorsqu'il l'accuse de corrompre l'intelligence française, pour s'assurer que ce sceptique est persuadé que, bien appliquée, sa méthode à lui aurait d'heureux effets. En

---

(1) Locke, par. 1. « I think I may say that of all the men we meet with, nine parts of ten are what they are, good or evil, useful or not, by their education. »

revanche, ils ont conscience l'un comme l'autre, que devant certaines forces naturelles tout principe pédagogique reste vain, qu'il est fatalement condamné à échouer. « Si ce disciple », déclare Montaigne dans une de ses additions à l'essai *De l'institution* se rencontre de si diverse condition, qu'il aime mieux ouïr une fable que la narration d'un beau voyage ou un sage propos quand il l'entendra, qui, au son du tabourin qui arme la jeune ardeur de ses compagnons, se destourne à un autre qui l'appelle au jeu des batteleurs, qui, par souhait ne treuve plus plaisant et plus doux revenir poudreux et victorieux d'un combat, que de la paume ou du bal avec le prix de cet exercice, je n'y trouve autre remede, si non que de bonne heure son gouverneur l'etrangle, s'il est sans témoins, ou qu'on le mette pastissier dans quelque bonne ville, fust-il fils d'un duc... (1) ». Et ailleurs, plus nettement encore : « Les inclinations naturelles s'aident et fortifient par institution, mais elles ne se changent guiere et surmontent. Mille natures, de mon temps, ont eschappé vers la vertu ou vers le vice au travers d'une discipline contraire... On n'extirpe pas ces qualitez originelles, on les couvre, on les cache (2). Il n'est pas moins singulier de rencontrer la même pensée chez l'auteur de l'*Essai sur l'entendement humain*, chez le philosophe qui considérait l'esprit de l'homme

---

(1) I, 26, éd. de Bordeaux, p. 210.
(2) III, 2, éd. Jouaust, t. 5, p. 198.

comme une table rase et qui construisait ses idées avec les seules données de l'expérience. « Dieu », dit-il pourtant, « a imprimé dans l'esprit des hommes certains caractères qui, peut-être, comme les défauts de leur taille, peuvent être un peu redressés, mais qu'on ne saurait guère changer en d'autres tout contraires (1) ».

Il n'y a là, peut-être, qu'une ressemblance tout accidentelle et de peu d'importance. Tout le monde, je crois, sera porté à y voir une rencontre bien plus qu'une marque d'influence. Mais il n'en va pas de même de beaucoup des similitudes que nous avons précédemment signalées. Il est temps de nous demander ce que signifient tant de rapprochements, et d'en dégager la leçon qu'ils comportent.

Si nous avons retrouvé constamment chez Locke les idées directrices de la pédagogie de Montaigne, nulle part nous n'avons retrouvé ses expressions. Aucune phrase n'est transportée d'un texte dans l'autre, et ceux qui jugent des influences par des similitudes de mots ne trouveraient pas ici leur compte. Rien ne ressemble moins à un plagiat que le traité de Locke : il a les allures franches d'une composition très personnelle.

Il est établi d'autre part que les principes pédagogiques de Locke sont absolument les mêmes que

---

(1) Locke, ch. V, par. 68. « God has stamped certain characters upon men's minds, which, like their shapes, may perhaps be a little mended, but can hardly be totally altered and transformed into the contrary. »

ceux de Montaigne. C'est la même critique des méthodes en vigueur autour d'eux, et une critique fondée sur les mêmes raisons : la coutume d'user de châtiments corporels, les plus belles années perdues dans une étude stérile des langues, l'abus des sciences vaines pour un gentilhomme, telles que la grammaire, la rhétorique, la logique, la dialectique, toutes inutilités qu'ils proscrivent l'un et l'autre. Ce sont encore de part et d'autre les mêmes remèdes apportés à ces errements ; éducation privée confiée à un gouverneur au lieu de l'éducation publique des collèges, principe de ne jamais frapper les enfants, de ne pas les contraindre en quoi que ce soit, de ne jamais leur faire faire que ce qui leur plaît, étude de la langue latine par la méthode directe, et suppression de l'étude du grec, surtout principe utilitaire énergiquement affirmé en vertu duquel la culture du jeune gentilhomme doit préparer son corps, son âme et son esprit aux occupations que la vie lui réserve. De ce principe commun découlent encore pour nos deux pédagogues des conséquences tout à fait analogues. Même souci d'assouplir le corps pour le rendre « commode » à toute compagnie, de l'endurcir contre la douleur et les hasards de la vie militaire, de l'entraîner de bonne heure aux exercices physiques, qui tiennent tant de place dans la vie du gentilhomme. Pour le cœur, même recommandation de veiller sur les actes de la première enfance pour en découvrir le germe caché, même manière d'entendre la culture morale qui doit se faire non par des règles et des préceptes, mais par des exemples, par des réflexions suscitées à l'occasion de ces exemples, par des habitudes lentement contractées; mêmes conseils donnés aux parents sur la conduite qu'ils doivent adopter envers leurs enfants pour seconder le gouverneur dans sa tâche d'éducateur. Pour l'esprit enfin, même méthode : pas de leçon exprofesso, l'instruction se glisse dans l'esprit à l'occasion des occupations les plus diverses, des jeux de l'enfant, surtout à la faveur de ces observations pratiques par lesquelles se forment ses mœurs; même objet : il faut former le jugement au lieu d'emplir la mémoire comme on le fait coutumièrement, surtout il faut donner à l'enfant la connaissance des hommes ; mêmes moyens de l'atteindre : la connaissance des hommes s'acquiert par le commerce du monde, par les voyages, par la lecture des histoires et de certains traités moraux. Et dans le détail encore que de remarques nous avons trouvées à la fois chez l'un et chez l'autre : conseil de ne pas trop se couvrir, pratique pour tenir le ventre libre, observations sur l'excès de civilité, sur l'habitude de la contradiction, sur la manière de tirer profit des voyages, d'autres encore.

Il est possible que les collèges anglais du XVIIe siècle aient eu de nombreux traits de ressemblance avec collèges français du XVIe, qu'ils aient présenté les mêmes défauts, et il est très probable que les besoins de la noblesse de l'Angleterre au temps de Locke étaient les mêmes que ceux de la noblesse française au temps de Montaigne. L'identité des circonstances n'explique pourtant pas suffisamment l'identité des théories. Qu'on lise le traité de tel autre pédagogue anglais contemporain de Locke, ou à peu près, et qui ne doit rien à l'essayiste français, par exemple l'*Advice to his son* de Francis Osborn, et l'on verra combien le même mal peut suggérer des remèdes différents. Un pareil parallélisme suppose évidemment que Locke s'est beaucoup inspiré de Montaigne. Le nom de Montaigne, jeté là comme par hasard dans une remarque de détail, les souvenirs des *Essais* reconnus dans d'autres ouvrages de Locke, nous préparaient à cette constatation. Elle se confirme par des ressemblances accidentelles entre certaines expressions des deux auteurs. En voici une qui ne laisse pas d'être frappante. Critiquant l'égoïsme de certains pères qui refusent de donner à leurs fils une part raisonnable de leurs biens, Montaigne avait dit, usant d'une de ces métaphores réalistes qui lui sont familières : « Il nous fasche qu'ils nous marchent sur les talons, comme pour nous solliciter de sortir » (1). C'est évidemment un écho de cette phrase que nous entendons dans ce passage de Locke : « Children are often found to tread too near upon the heels of their fathers, to the no great satisfaction either of son or father. » (2).

---

(1) II, 8, éd. de Bordeaux, p. 72.
(2) Locke, ch. XXVII, par. 222. L'emprunt est ici d'autant plus certain que Locke, en cet endroit, expose cette idée que les

Il ne s'ensuit pas que Locke s'est paré des dépouilles de Montaigne, qu'il s'est consciemment proposé de répéter les idées pédagogiques de son devancier en les jetant dans un moule différent et en leur donnant une forme nouvelle pour s'en faire honneur à lui-même. Rien n'est plus loin de notre pensée qu'une pareille hypothèse. Pas plus qu'il n'a dérobé les phrases de Montaigne à la manière d'un Charles Blount dans son *Commentaire d'Apollonius*, ou d'un Guillaume Bouchet dans ses *Sérées*, Locke n'a dérobé ses conceptions.

Il a fait une enquête personnelle sur les questions dont il traite. Il a dirigé une éducation, et c'est son expérience dont il prétend nous communiquer les résultats. Mais il est probable que, quand il a abordé son élève, il s'était assimilé la méthode de Montaigne, il en avait l'esprit rempli. Ses réflexions et ses tentatives ont été comme commandées par ses souvenirs de l'essai *De l'institution*. Il a été ainsi amené, très probablement d'ailleurs sans en avoir une pleine conscience, à en éprouver la valeur pratique, à les vérifier expérimentalement, si l'on peut ainsi dire. Puis, comme il en avait oublié l'origine véritable, comme il en avait pris possession par ses observations personnelles, il a exprimé à sa

---

gentilshommes devraient se marier tard afin qu'un intervalle d'âge assez considérable les sépare de leurs enfants. Or c'est une idée chère à Montaigne et qu'il a développée longuement, avec des considérants très semblables, dans le même essai II, 8.

manière ces mêmes idées, et d'une manière toute différente de Montaigne, dans un ordre tout autre, un ordre d'ailleurs qui est un véritable désordre, où les redites pullulent, où apparaît à chaque instant le mépris pour la composition d'un auteur qui n'a d'autre souci que de nous faire connaître mille petites remarques de détail qu'il a faites lui-même, qui le captivent et qui le sollicitent à s'égarer dans de perpétuelles digressions. Le prétendu décousu de Montaigne dans l'essai *De l'institution* est une ordonnance scolastique auprès du chaos des observations de Locke. Et c'est peut-être ce qui a empêché d'apercevoir plus tôt l'identité de leurs méthodes. Des exposés systématiques l'eussent révélée au premier aspect.

L'originalité de Locke ne s'est pourtant pas bornée à vérifier les principes de Montaigne et à les exposer avec plus de désordre encore. Son enquête était menée d'une manière trop libre et trop indépendante pour cela. De propos délibéré Montaigne s'en était tenu aux grandes lignes de sa méthode. Il avait négligé de tirer toutes sortes d'applications de ses principes. Il avait dédaigné les détails. Locke avait été contraint pour les besoins de son disciple, le jeune Shaftesbury, de regarder les choses de plus près, et, comme il se proposait d'écrire un traité beaucoup plus développé que l'essai de Montaigne, il pouvait traiter le sujet de moins haut. Il était utile de préciser, comme nous le lui avons vu faire, ce qu'en chaque science il est indispensable à l'enfant d'apprendre, et nous avons constaté que sa compétence en matière médicale lui a suggéré relativement aux questions d'hygiène des conseils qui sont ici tout à fait à leur place.

Ce n'est pas tout. Locke est un psychologue d'une grande pénétration. Son livre abonde en observations fines, en remarques précises, en aperçus ingénieux. Toutes ces petites découvertes de son esprit dans le domaine psychologique et pédagogique ne sont pas des compléments à proprement parler de la pensée de Montaigne. Elles en sont indépendantes. Elles s'y ajoutent sans s'y rattacher. Réduire le livre de Locke aux principes pédagogiques sur lesquels il repose ce serait l'amoindrir d'une manière considérable. Ce ne serait pas l'abréger, mais bien le dépouiller de ce qui en fait la valeur. Qu'on relise par exemple ce qu'il dit de l'affectation et des précautions à prendre pour éviter que les enfants ne contractent ce défaut (1), ou encore la critique qu'il fait d'un défaut habituel qui consiste à donner aux enfants trop de règles et de préceptes à la fois (2), qu'on remarque avec quelle ingéniosité il cherche à susciter l'intérêt des enfants afin d'éviter les conséquences funestes du principe posé par Montaigne et par lui-même qu'on ne doit jamais contraindre l'enfant ; on verra là, et en beaucoup d'autres endroits encore, une connaissance précieuse de l'âme enfantine et

---

(1) Locke, ch. V, par. 68.
2) Locke, ch. V, par. 65.

une grande dextérité à la manier. Je recommande particulièrement à ce point de vue comme très suggestifs les chapitres intitulés : *De la crainte et du courage, moyens d'inspirer ce dernier aux enfants* (XIV). — *De la curiosité* (XVI). — *De l'indifférence que certains enfants ont pour s'instruire, moyen de la corriger* (XVII).

Montaigne n'avait pas dirigé d'éducation. Il n'avait qu'une fille, et il s'occupait, semble-t-il, assez peu de la diriger. Il abandonnait son gouvernement aux femmes sans jamais s'en mêler. On s'étonne que, guidé par son seul raisonnement et par les souvenirs de sa propre éducation, il ait pu bâtir une doctrine si neuve, et par beaucoup de côtés si judicieuse. Quelqu'un a dit pourtant que l'amour de l'enfance lui a manqué et que ce sentiment, s'il l'avait eu, aurait pu enrichir, corriger et préciser ses doctrines pédagogiques. Quoi qu'il en soit, Locke a compris l'enfance et son livre y a gagné nombre de remarques instructives. Je dirai même qu'il y a gagné de s'enrichir de principes pédagogiques auxquels Montaigne n'avait pas ou n'avait guère songé. C'est un principe pédagogique, et de grande conséquence, que ce souci, sans cesse affirmé chez Locke, d'adapter l'enseignement aux forces des enfants, de le subordonner non seulement aux besoins et aux goûts de leur âge mais même aux penchants de leur nature individuelle, de tolérer des jeux innocents, de leur passer de petites irrégularités, en un mot de se mettre toujours à leur portée. Je croirais bien que

Montaigne ne l'avait pas méconnu ; on peut même dire qu'il était impliqué dans cette recommandation, pour lui si capitale, de ne rien exiger de l'enfant contre son gré, il n'y avait pourtant pas insisté avec cette fermeté.

Ce sont encore de véritables principes pédagogiques que Locke propose lorsqu'il proscrit les récompenses au même titre que les châtiments, et leur substitue, comme mobile d'action, les sentiments de l'honneur et de la honte soigneusement cultivés dans l'âme enfantine (1); lorsqu'il condamne comme la source de vices nombreux, l'habitude de laisser prendre aux enfants de l'empire sur leurs camarades et sur les personnes qui les entourent, et de satisfaire leurs besoins de fantaisie (2), lorsqu'il exige du gouverneur d'enseigner à son disciple, tout fils de bonne maison qu'il est, un métier manuel (3). De tout cela Rousseau saura faire son profit, nous le verrons, et pour lui les additions de Locke à Montaigne ne seront pas perdues.

Ainsi Locke précise et complète la pensée de Montaigne : surtout il apporte en propre une grande quantité d'observations et de remarques. Quelques-unes de ces observations même ont une portée assez générale pour pouvoir être regardées comme des

---

(1) Cf., ch. IV. *Des récompenses*.

(2) Cf., ch. XII.

(3) Cf., ch. XXV.

principes pédagogiques. Il ajoute donc beaucoup à Montaigne. Mais, s'il le complète, il ne le contredit sur aucun point, et il fait siennes à peu près toutes les idées de son devancier.

DEUXIÈME PARTIE

L'INFLUENCE DE MONTAIGNE ET DE LOCKE SUR LES IDÉES PÉDAGOGIQUES DE ROUSSEAU

En ce qui concerne Montaigne une remarque préalable s'impose. Ses maîtres incontestables, je veux dire Sénèque et Plutarque, sont encore les maîtres préférés de Rousseau. Comme Montaigne de tous les anciens il n'en est aucun auquel Rousseau fasse autant d'emprunts, qu'il cite plus volontiers et qu'il loue plus hautement. Nous devons nous tenir en garde et ne pas appeler influence de Montaigne ce qui sera peut-être influence de Sénèque ou de Plutarque. Il y a là pour nous une cause de défiance. En revanche cette similitude de goûts entre Montaigne et Rousseau est singulièrement instructive. Elle nous révèle entre leurs esprits une étroite parenté qui était bien propre à lier entre eux un commerce intime. Rousseau qui se plaisait tant à la lecture des *Vies*, des *Œuvres morales* et des *Lettres à Lucilius*, ne pouvait qu'aimer à en retrouver l'esprit dans les *Essais*. L'enseignement de Montaigne prolongeait celui de ses maîtres. Nous allons voir que sur beaucoup de points il le dépassait et le complétait.

Rousseau, dans l'*Emile*, s'est incontestablement inspiré de Locke et de Montaigne. Il a certainement étudié leurs traités pédagogiques au moment de composer le sien. Il appelle le premier « le sage Locke » (1) il le nomme huit fois et le second jusqu'à douze fois. Le doute n'est donc pas possible. Nous ne sommes pas ici dans le domaine des hypothèses. La preuve n'est plus à faire. Nous devrons seulement nous demander de quelle manière s'est exercée cette influence, et quelle en est l'importance ? Rousseau emprunte-t-il quelque chose à ses devanciers, que leur doit-il, dans quelle mesure ses idées ont-elles été modifiées par les leurs ?

---

(1) T. VIII, p. 193; et aussi la *Nouvelle Héloïse*, t. VII, p. 239.

CHAPITRE I

Le Projet d'éducation de M. de Sainte-Marie

Bien avant d'écrire l'*Emile* Rousseau avait eu l'occasion de s'essayer aux réflexions pédagogiques. Au printemps de 1740 Mme de Warrens lui avait trouvé un emploi de précepteur. Il se rendit à Lyon chez le grand prévôt, M. de Mably, qui lui confiait l'éducation de ses deux enfants. Il y resta toute une année, plus, nous dit-il, par sympathie pour M. de Mably, qui se montrait avec lui d'une extrême indulgence, que par goût pour l'enseignement. Les qualités du précepteur lui manquaient. L'un de mes disciples, dit-il dans ses *Confessions*, « de 8 à 9 ans, appelé Sainte-Marie, était d'une jolie figure, d'esprit assez ouvert, assez vif, étourdi, badin, malin, mais d'une malignité gaie. Le cadet, appelé Condillac, paraissait presque stupide, musard, têtu comme une mule, et ne pouvant rien apprendre. On peut juger qu'entre ces deux sujets je n'avais pas besogne faite. Avec de la patience et du sang-froid peut-être aurais-je pu réussir ; mais faute de l'une et de l'autre je ne fis rien qui vaille, et mes élèves tournaient très mal (1). Entre la légèreté espiègle de l'un et la pesanteur stupide de l'autre c'étaient de perpétuels emportements. Son échec fut complet.

De fait, dans la vie aventureuse qu'il avait menée jusque là rien n'avait préparé Rousseau à la tâche qu'il entreprenait. Peut-être le futur théoricien devait il profiter de cette expérience faite aux dépens de ses élèves ; je ne sais. L'intérêt qu'elle présente pour nous est surtout de lui avoir donné l'occasion de recueillir ses idées sur les questions pédagogiques, et de les exprimer dans un court opuscule présenté à M. de Mably pour lui faire connaître son plan d'éducation.

Il ne faut pas chercher là à proprement parler un traité de pédagogie. Ce n'est qu'une courte esquisse. Rousseau donne « une légère idée de la route » qu'il se propose de suivre (2). Le frère de M. de Mably a promis de diriger le jeune précepteur de ses neveux, ce sont ses instructions à lui qui doivent servir de guide. Peut-être est-ce pour ce motif que Rousseau a été si bref ; peut-être aussi ce précepteur improvisé n'avait-il pas grand'chose à dire de nouveau sur son art. Toujours est-il que le *Projet d'éducation de M. de Sainte-Marie* est dépourvu de toute originalité.

En lisant ces quelques pages de Rousseau, on a

---

(1) T. I, p. 399.

(2) T. XII, p. 27.

l'impression qu'il les a écrites pour assurer son autorité vis-à-vis de ses élèves, je dirais presque pour se faire prendre au sérieux dans la maison. Il y a déjà six mois qu'il y est (1) et son prestige est mince. Les enfants sont insoumis, et le jeune maître ne rencontre pas chez les parents l'appui qu'il lui faudrait. « Lui ayant trouvé d'abord dit-il de l'aîné de ses élèves, une résistance parfaite à mes instructions et une négligence excessive pour moi, je n'ai su comment le réduire, et au moindre mécontentement il courait chercher un asile inviolable auprès de son papa, auquel peut-être il ne manquait pas ensuite de conter les choses comme il lui plaisait (2) ». Le père ne s'est jamais expliqué sur l'étendue des droits qu'il accorde au gouverneur, et Rousseau en paraît embarrassé; il s'en plaint à deux reprises et demande à être instruit de ses pouvoirs (3). Il semble même qu'on se permette de parler de lui d'une manière désavantageuse en présence des enfants (4). Cela pouvait le mettre dans une position fausse. Peut-être avait-il tout gâté par ses emportements. Il a avoué depuis avoir fait les yeux doux à la mère de ses élèves, et avoir dérobé au père quelques bouteilles de vin, si bien qu'on le déchargea de la garde de la cave; peut-être s'était-il déjà déconsidéré

(1) Une phrase permet de dater ce traité de décembre 1740; cf., p. 10.
(2) Cf., p. 10.
(3) Cf., p. 4 et p. 10.
(4) Cf., p. 9.

par quelque sottise ou quelque indélicatesse de cette nature. Il demandait qu'on fît son éloge en présence des enfants, qu'on lui accordât le droit et les moyens de les punir et de les récompenser. Il eût voulu qu'on profitât d'une date solennelle comme le premier jour de l'année pour lui faire une place très différente dans la maison. « Nous approchons de la fin de l'année : vous ne sauriez, Monsieur, prendre une occasion plus naturelle que le commencement de l'autre pour faire un petit discours à Monsieur votre fils, à la portée de son âge, qui, lui mettant devant les yeux les avantages d'une bonne éducation et les inconvénients d'une enfance négligée le dispose à se prêter de bonne grâce à ce que la connaissance de son intérêt bien entendu nous fera dans la suite exiger de lui ; après quoi vous auriez la bonté de me déclarer en sa présence que vous me rendez le dépositaire de votre autorité sur lui, et que vous m'accordez sans réserve le droit de l'obliger à remplir son devoir par tous les moyens qui me paraîtront convenables, lui ordonnant, en conséquence, de m'obéir comme à vous-même, sous peine de votre indignation. Cette déclaration, qui ne sera que pour faire sur lui une plus vive impression, n'aura d'ailleurs d'effet que conformément à ce que vous aurez pris la peine de me prescrire en particulier (1) ».

Quoi qu'on veuille penser de l'intention qui

---

(1) Cf., p. 10.

poussait Rousseau à développer ces préliminaires, ils n'occupent pas moins du tiers de sa courte esquisse. Le reste est rempli de remarques sèches et judicieuses. Les noms de Montaigne et de Locke n'y paraissent pas et pourtant il est manifeste pour tout lecteur averti que Montaigne et Locke en ont inspiré un grand nombre. Rousseau ne pouvait pas ne pas les connaître. Dans le *Verger des Charmettes*, qui est de 1739, Montaigne est cité comme l'un de ses auteurs favoris.

« Là, portant avec moi Montaigne ou La Bruyère,
Je ris tranquillement de l'humaine misère,
Ou bien, avec Socrate et le divin Platon,
Je m'exerce à marcher sur les pas de Caton. »

Quant aux œuvres de Locke, le traducteur Pierre Coste les avait fait connaître en France à la fin du siècle précédent. Elles étaient dans toutes les mains, et l'on sait combien tous les philosophes du XVIIIe siècle s'en sont inspirés. Aux Charmettes, les *Confessions* nous apprennent que Rousseau lisait l'*Essai de l'entendement humain* (1). Bien qu'aucun texte ne nous le dise, il est assez probable que les *Pensées sur l'éducation* eurent le même sort.

Déjà dans cette préoccupation que nous venons de rencontrer chez Rousseau de s'assurer une autorité sans conteste, nous retrouvons une idée chère à ses deux devanciers. Montaigne disait que

(1) T. 1, p. 349.

« l'authorité du gouverneur... doit estre souveraine » sur son disciple, et il craignait que la présence des parents n'y fît obstacle. Donnez-moi vos conseils et faites-moi vos réprimandes, dit Rousseau à M. de Mably, mais devant les enfants entourez-moi de respect. Et Locke : « Afin que l'autorité que le gouverneur doit avoir sur votre enfant se conserve en son entier, vous devez non seulement ne pas donner à connaître qu'il n'a pas le droit d'user de la verge, mais encore le traiter vous-même avec beaucoup de respect et engager toute votre famille à faire la même chose. Car vous ne devez pas attendre que votre fils ait aucun égard pour un homme qu'il voit méprisé dans la famille, ou de vous, ou de sa mère, ou de quelques autres personnes (1) ».

A deux reprises Rousseau se déclare adversaire de toute violence dans l'éducation (2). « La violence, dit-il, n'y doit concourir en rien. » Il veut même n'user de contrainte d'aucun genre, car la contrainte ne fait qu'inspirer aux enfants du dégoût pour les objets auxquels on prétend les appliquer (3) ». Nous avons entendu déjà ses deux devanciers affirmer ces mêmes principes (4). Mais voici d'autres rencontres plus significatives.

Rousseau ne veut pas que l'éducation consiste

---

(1) LOCKE ch. VIII, par. 91.
(2) T. XII, pp. 5 et 20.
(3) T. XII, p. 13.
(4) LOCKE, (voir ci-dessus p 26).

surtout à acquérir des connaissances. Il proteste contre la méthode de la plupart des maîtres, des « pédants », qui « regardent l'acquisition et l'entassement des sciences comme l'unique objet d'une belle éducation » (1). Chez qui manque de jugement les sciences sont inutiles, chez qui a le cœur mauvais elles ne sont pas seulement inutiles, elles sont dangereuses : « les sciences sont dans sa tête comme autant d'armes entre les mains d'un furieux ». Rousseau compte si bien réduire au minimum les heures de leçons proprement dites qu'une inquiétude le hante : M. de Mably ne le prendra-t-il pas pour un paresseux ? Ne va-t-il pas soupçonner le précepteur de se dérober aux fastidieuses obligations de l'enseignement, de s'oublier dans un facile et vain bavardage ? A deux reprises Rousseau le supplie en termes pressants de ne pas méconnaître l'excellence de ses intentions (2).

Au reste il fera une part aux sciences dont il connaît tout le prix, mais l'essentiel sera de former le cœur, le jugement et l'esprit.

Pour le cœur, il aura soin, comme le demandait Locke, de ne pas accabler son disciple de préceptes de morale qui surchargeraient inutilement sa mémoire (3). L'effet en serait nul. Il faut faire réfléchir l'enfant sur les choses de la vie courante.

---

(1) T. XII, p. 12.
(2) T. XII, pp. 14-18.
(3) T. XII, p. 15.

C'est un enseignement qui se donne par « conversations » et par « promenades ». Et l'un des bons résultats qu'il attend de cette méthode c'est « d'accoutumer à bonne heure l'esprit à la réflexion et à considérer les choses par leurs suites et par leurs effets. »

Le jugement profitera donc en même temps, car Rousseau est encore très loin de la théorie, si dogmatiquement affirmée par lui plus tard, d'après laquelle on ne doit pas faire raisonner l'enfant. En 1740, conformément à la méthode de Montaigne et de Locke, c'est sur l'exercice de la réflexion que repose toute sa pédagogie. L'objet principal sur lequel doit s'exercer le jugement, c'est la connaissance des hommes. « S'il est quelque point important dans son éducation, c'est sans contredit celui là, et l'on ne saurait trop bien lui apprendre à connaître les hommes, à savoir les prendre par leurs vertus et même par leurs faibles, pour les amener à son but, et à choisir toujours le meilleur parti dans les occasions difficiles » (1). Si l'objet est le même que chez Montaigne et chez Locke, les moyens employés ne sont pas différents. Il faut que le père consulte l'enfant sur des questions pratiques très simples pour l'habituer à regarder les choses sous toutes leurs faces. Il faut surtout qu'on le conduise beaucoup dans le monde, qu'on le retienne avec les étrangers qui viennent visiter ses parents, qu'on

---

(1) T. XII, p. 16.

indique au précepteur quelques maisons où il pourra le conduire fréquemment. Nous avons entendu Locke prendre les mêmes précautions.

Pour ce qui est de la formation de l'esprit, la grande affaire pour Rousseau est de rendre l'étude agréable à son disciple en dépit de sa dissipation naturelle. Pour cela il faudrait l'amuser dans la chambre où il doit travailler, « la lui rendre aimable » parce qu'on « pourrait lui présenter de plus riant (1) ». On croit entendre Montaigne qui veut joncher les classes de « fleurs et de feuillées », y « faire pourtraire la joie, l'allegresse, et Flora, et les grâces... où est leur profit (aux enfants) que ce fust aussi leur ebat » (2). Et l'on sait quelle ingéniosité déploie Locke pour rendre la leçon divertissante. Si, enfant de son siècle, Rousseau fait une part plus large qu'eux aux sciences physiques et naturelles, de même qu'eux il retranche comme inutiles beaucoup des enseignements que comportent les programmes de son temps : « ces espèces d'études où, sans aucun usage solide, on fait languir la jeunesse pendant nombre d'années : la rhétorique, la logique et la philosophie scolastique... (3) ». Pour lui comme pour eux l'histoire est « le principal objet de toutes les études » de son disciple. C'est l'autorité de Rollin, semble-t-il, qui l'engage à renoncer à

---

(1) T. XII, p. 20.
(2) I, 26, éd. de Bordeaux, p. 215.
(3) T. XII, p. 25.

l'exercice fastidieux du thème latin, mais c'est bien probablement Locke qui lui suggère de faire étudier par son élève les ouvrages de Grotius et de Pufendorff (1). Locke seul, que je sache, leur avait donné droit de cité dans un programme d'éducation.

Au reste, en tout cela, c'est peut-être plus souvent encore de Locke que de Montaigne que Rousseau s'inspire. Il voit dans les sentiments d'estime ou de mépris un ressort puissant pour agir sur l'enfant, et il recommande à diverses reprises à M. de Mably d'en faire usage (2). Or, c'est là un ressort, avons-nous dit, que Locke a ajouté à Montaigne. N'est-ce pas encore un souvenir de Locke que nous trouvons dans la phrase que voici : « Il ne sera point du tout nécessaire d'expliquer au jeune enfant, dans l'occasion, qu'on lui accorde quelque faveur précisément parce qu'il a bien fait son devoir ; mais il vaut mieux qu'il conçoive que les plaisirs et les douceurs sont les suites naturelles de la sagesse et de la bonne conduite, que s'il les regardait comme des récompenses arbitraires qui peuvent dépendre du caprice, et qui, dans le fond, ne doivent jamais être proposées pour l'objet et le prix de l'étude et de la vertu » (3). Nous verrons plus tard quelle importance capitale cette idée-là prendra dans l'*Emile*. Elle

---

(1) T. XII, p. 26.
(2) T. XII, pp. 6 et 15.
(3) T. XII, p. 7.

n'est encore ici qu'à l'état de germe, et ce germe était chez Locke. « Je suis d'avis... qu'on leur permette de goûter pleinement tous les innocents plaisirs pour lesquels ils sentent de l'inclination pourvu qu'on le fasse avec cette précaution de ne leur accorder ces plaisirs que comme des suites de l'approbation qu'ils ont acquise par leur bonne conduite dans l'esprit de leurs parents et de leurs gouverneurs, et jamais comme des récompenses de ce qu'ils se sont acquittés de quelque devoir particulier, pour lequel ils ont de l'aversion, ou qu'ils n'auraient pas voulu faire sans cela » (1). Locke insiste beaucoup sur les fâcheux effets des récompenses, et, plus radical que le précepteur de M. de Sainte-Marie, il les proscrit sans réserve.

Quelles que soient les parts relatives d'influence qui reviennent à Locke et à Montaigne, une chose est certaine, c'est qu'en 1740 Rousseau est leur disciple en matière pédagogique. Je ne dirai pas à proprement parler, qu'il adopte leur système, puisqu'il n'expose pas un système complet. Mais beaucoup de ses remarques font penser à eux. Elles s'inspirent de leur méthode commune. Et cela nous invite à penser que Montaigne et Locke seront encore pour quelque chose dans les idées de Rousseau en 1760. Sans doute le point de vue de l'auteur à cette date aura bien changé. Beaucoup des préceptes de l'*Emile* n'en ont pas moins leur

---

(1) LOCKE, ch. IV, par. 54.

point de départ dans le *Projet d'éducation de M. de Sainte-Marie*. Mais avant d'en venir à l'*Emile* il convient de nous demander si Montaigne et Locke n'auraient pas quelque part à la crise intellectuelle qui, entre ces deux œuvres, a si profondément modifié les conceptions philosophiques de Rousseau.

CHAPITRE II

Du Projet d'Éducation de M. de Sainte-Marie à l'Émile

L'ouvrage qui révéla Rousseau au public fut le fameux *Discours sur les arts et les sciences* qui lui valut en 1750 le prix de l'académie de Dijon. La question mise au concours était de décider : *Si le progrès des sciences et des arts a contribué à corrompre ou à épurer les mœurs ?* Au grand scandale de ses contemporains Rousseau répondit que les sciences et les arts ruinaient la morale. A cette société éprise de bel esprit, de luxe, de politesse, il cria avec chaleur, avec enthousiasme, le mépris de tout ce qu'elle estimait, de ce qui la passionnait. Un paradoxe aussi inattendu, exprimé avec éloquence, ne pouvait manquer de faire grand bruit. Sa singularité même décida de la carrière de Rousseau. Il fut désormais le contempteur de la société. Sa place parmi les gens de lettres était fixée.

Le discours de Rousseau comprend deux parties. Dans la première il dégage la leçon des faits ; dans la seconde il l'explique. La première traite la question du point de vue historique, la seconde du point de vue philosophique.

Après nous avoir décrit le réveil des sciences et des arts à l'aurore des temps modernes, Rousseau déclare que la conséquence en a été de répandre sur toute la société une couche uniforme de politesse ; or cette politesse, qui n'est qu'un masque, dissimule toutes sortes de vices, car la vertu ne marche pas ainsi parée et ne peut s'accommoder de semblables manières ; elle engendre même des vices par la défiance générale qu'elle inspire en nous cachant les uns aux autres nos sentiments réciproques. De fait, chaque fois que les sciences et les arts ont été cultivés avec ardeur, nous voyons dans l'histoire du monde que le même phénomène s'est produit, la vertu a été évincée ; exemples, en Egypte, dans la Grèce, à Rome, à Constantinople, en Chine. Inversement les peuples qui, par leur vertu ont su faire leur propre bonheur et servir de modèles aux autres nations, ont tous été des peuples ignorants : les Perses, les Scythes, les Germains, les Romains de l'époque républicaine, certaines populations de l'Amérique. D'ailleurs c'est de propos délibéré que ces peuples simples persistaient dans l'ignorance, et les hommes réputés les plus sages l'ont recommandée comme un bien : Sparte, Socrate, Caton. Et la fameuse prosopopée de Fabricius sert de conclusion à toute cette partie historique.

Ces faits s'expliquent aisément ; chacune de nos sciences est née de quelqu'un de nos défauts, comme la jurisprudence de notre injustice. A considérer leur objet elles ne vivent que de nos défauts, elles sont encombrées d'erreurs, et aucun critérium ne nous permet de distinguer en elles l'erreur de la vérité. Par leurs effets elles sont pleines de dangers; elles font naître l'oisiveté, l'irréligion, le luxe ; elles abâtardissent les talents ; elles ruinent la valeur militaire; elles sont plus désastreuses encore pour les qualités morales.

Telle est, réduite à ses traits essentiels, la thèse de Rousseau. Il suffit d'un exposé aussi sec pour qu'on y reconnaisse immédiatement une orientation de pensée habituelle à Montaigne. Sans doute, quand Montaigne attaque la science, c'est surtout pour en montrer la vanité intrinsèque et pour contester la valeur de ses conclusions. Voyant les savants de son temps assujettis aux autorités anciennes et paralysés par la méthode scolastique, il doutait que l'esprit humain pût bâtir quelque science solide. Mais il ne s'en est pas tenu là. Jugeant la science erronée, il était tenté d'incriminer ses effets, de la croire pour le moins inutile au bonheur et à la vertu. Même, avant Rousseau, il a dit qu'elle était nuisible. La tendance critique de son esprit l'invitait à examiner tous les préjugés, à en scruter les fondements. Au temps de la Renaissance aucun préjugé n'occupait plus fortement les esprits que l'admiration irraisonnée du savoir sous toutes ses formes, même les plus vaines. Plus le préjugé avait de force, plus Montaigne se sentit invité à le combattre, à exagérer ses critiques. Aussi l'opposition entre l'ignorance et la science, entre les illettrés et les docteurs, revient-elle fréquemment dans les *Essais*, et toujours pour donner l'avantage aux premiers. C'est surtout dans l'*Apologie de Sebonde* qu'elle s'étale avec complaisance. Là, l'illettré est représenté par le paysan, par la femme de village, par l'athlète, par le muletier, par le sauvage, par le fou, voire même et très particulièrement par l'animal, et, sous toutes ces formes la préférence lui est donnée sur son antagoniste. L'ignorant est l'être qui fait le moins possible usage de sa raison, et, moins il en fait usage, plus sa supériorité est incontestable. Parmi ses prérogatives, il est à noter que l'épicurien Montaigne insiste plus spécialement sur le bonheur, tandis que Rousseau parle surtout de la vertu ; mais à la vertu aussi Montaigne fait souvent sa place. « Comme la vie se rend par la simplicité plus plaisante, elle s'en rend aussi plus innocente et meilleure... Les simples, dit S. Paul, et les ignorans s'eslevent et saisissent du ciel, et nous, a tout nostre sçavoir, nous plongeons aux abismes infernaux. Je ne m'arreste ny à Valentian, ennemy declaré de la science et des lettres, ny à Licinius, tous deux Empereurs Romains, qui les nommoient le venin et la peste de tout estat politique, ny à Mahumet, qui, comme j'ay entendu, interdict la science à ses hommes ; mais l'exemple de ce grand Lycurgus, et son authorité doit certes avoir grand pois ; et la reverence de cette divine police Lacedemonienne, si grande, si admirable et si longtemps fleurissante en vertu et en bon heur, sans aucune institution ny exercice de lettres. Ceux qui reviennent de ce monde nouveau qui a esté descouvert du temps de nos peres par les Espaignols, nous peuvent tesmoigner combien ces nations, sans magistrat et sans loy, vivent plus legitimement et plus regléement que les nostres, où il y a plus d'officiers et de loix qu'il n'y a d'autres hommes et qu'il n'y a d'actions... L'incivilité, l'ignorance, la simplesse, la rudesse s'accompaignent volontiers de l'innocence ; la curiosité, la subtilité, le sçavoir trainent la malice à leur suite ; l'humilité, la crainte, l'obeissance, la debonnaireté (qui sont les pieces principales pour la conservation de la société humaine) demandent une ame vuide, docile et presumant peu de soy ». (1)

Il n'est pas utile de donner ici une liste complète des rapprochements qu'on peut établir entre l'œuvre de Montaigne et le premier discours de Rousseau. Cette liste a été faite déjà. On l'a dressée dès le XVIIIe siècle (2), du vivant de Rousseau, et pour bon nombre de ces rapprochements la tâche était facile, puisque Rousseau a pris lui-même la peine de les indiquer. Il serait superflu de critiquer le travail

---

(1) II, 12, éd. de Bordeaux, p. 219.
(2) *Les Plagiats de M. J. J. R. de Genève sur l'éducation.* D. J. C. B. La Haye et Paris 1765.

de dom Cajot qui prétendait faire de Rousseau un simple plagiaire. Après avoir corrigé quelques omissions ou quelques excès on se trouverait en présence d'une quinzaine d'emprunts et réminiscences bien établies. Je ne veux que faire à leur sujet quelques remarques qui nous permettent d'en apprécier l'importance.

La première est que Rousseau ne s'est aucunement proposé de dissimuler ses dettes. Il semble au contraire les publier, souhaiter que son lecteur en soit informé. Le nom de Montaigne revient plusieurs fois sous sa plume. Il ne le cite pas dans le texte, sans doute pour ne pas briser avec des mots et des phrases du seizième siècle le mouvement oratoire de ses périodes, qui était un élément capital de succès dans un discours académique; mais il le nomme en note et accompagne parfois même cette mention du passage auquel son texte se réfère.

Remarquons ensuite que plusieurs des faits historiques sur lesquels Rousseau appuie sa thèse étaient déjà chez Montaigne. Chez lui déjà les Spartiates, les Américains, les Perses, présentaient le type idéal du peuple vertueux et ignorant. Nous venons de rencontrer les Spartiates et les Américains dans le passage de l'*Apologie* que je citais il n'y a qu'un instant. Il serait facile d'en donner d'autres exemples. Rousseau nous en fournit un lui-même en ce qui concerne les Américains : « Je n'ose parler de ces nations heureuses qui ne connaissant pas même de nom les vices que nous avons tant de peine à réprimer, de ces sauvages de l'Amérique dont Montaigne ne balance point à préférer la simple et naturelle police, non seulement aux lois de Platon, mais même à tout ce que la philosophie pourra jamais imaginer de plus parfait pour le gouvernement des peuples. Il en cite quantité d'exemples frappants pour qui les saurait admirer : « Mais quoi ! dit-il, ils ne portent point de hauts de chausses. » (1).

Il aurait pu citer encore du Montaigne quand il écrit des Perses que c'était une « nation singulière, chez laquelle on apprenoit la vertu comme chez nous on apprend la science (2) ». Montaigne a dépeint tout au long cet enseignement de la vertu chez les Perses, précisément pour l'opposer aux méthodes

---

(1) T. IV, p. 14 ; allusion à l'essai I..31, qui est effectivement rempli de pareils exemples, et où il est dit expressément : « Il me desplaist que Lycurgus et Platon » n'aient pas eu connaissance de ces Américains, « car il me semble que ce que nous voyons en ces nations la surpasse, non seulement toutes les peintures dequoy la poésie a embelly l'age doré, et toutes ces inventions à feindre une heureuse condition d'hommes, mais encore la conception et le desir mesme de la philosophie. Ils n'ont peu imaginer une naifveté si pure et simple comme nous la voyons par experience ; ny n'ont peu croire que nostre société se peut maintenir avec si peu d'artifice et de soudeure humaine. C'est une nation, diray-je à Platon, en laquelle il n'y a aucune espece de trafique, nulle cognoissance de lettres, nulle science de nombres..... Les paroles mesmes qui signifient le mensonge, la trahison, la dissimulation, l'avarice, l'envie, la detraction, le pardon, inouies. Combien trouveroit il la republique qu'il a imaginée esloignée de cette perfection » (éd. de Bordeaux, p. 270). Les motifs cités par Rousseau terminent l'essai.

(2) T. IV, p. 14.

de son temps. « Ils apprenoient la vertu à leurs enfants, comme les autres nations font les lettres... » (1). Comme l'opposition de Sparte et d'Athènes (2), l'opposition des deux Rome lui était familière, de la Rome républicaine à l'ignorance rustique mais aux vertus rigides, et de la Rome des empereurs aux esprits raffinés, mais aux cœurs corrompus. « Qui nous contera par nos actions et deportemens, il s'en trouvera plus grand nombre d'excellens entre les ignorans qu'entre les sçavans : je dy en toute sorte de vertu. La vieille Rome me semble en avoir bien porté de plus grande valeur, et pour la paix et pour la guerre, que cette Rome sçavante qui se ruyna soy-mesme. Quand le demeurant seroit tout pareil, au moins la preud'homie et l'innocence demeureroient du costé de l'ancienne, car elle loge singulierement bien avec la simplicité (3) »... « C'estoit ce que disoit un senateur romain des derniers siecles, que leurs predecesseurs avoient l'aleine puante à l'ail, et l'estomac musqué de bonne conscience, et qu'au rebours ceux de son temps ne sentoient au dehors que le parfum, puans au dedans toute sorte de vices, c'est à dire, comme je pense qu'ils avoient beaucoup de sçavoir et de suffisance, et grand faute de preud'hommie » (4). Socrate était pour Montaigne,

(1) I, 25, éd. de Bordeaux, p. 183.
(2) ROUSSEAU, t. IV, p. 16; MONTAIGNE, essai I, 25, vers la fin.
(3) II, 12, éd. de Bordeaux, p. 206.
(4) II, 12, éd. de Bordeaux, p. 220.

comme pour Rousseau, un précepteur d'ignorance, et l'essai *De la physionomie* (1) nous le peint complaisamment sous ces traits.

On pourra dire que ces rapprochements n'ont que peu d'importance : à tout lettré désireux de soutenir une pareille thèse, nécessairement les souvenirs de Sparte, des Perses, de Rome, de Socrate, devaient se présenter d'eux-mêmes. Nous songerions à peine ici à parler d'une dette envers Montaigne si Rousseau ne nous y invitait. Il ajoute d'ailleurs de nouveaux exemples à ceux de Montaigne, quand il nous parle de l'Egypte, de Constantinople, de la Chine, etc. D'autres faits, en revanche, constituent une dette plus sérieuse en ce qu'ils étaient de notoriété moins commune. Il avait rencontré chez Montaigne tous ceux qui lui fournissent des exemples de résistance aux progrès de la science : les Athéniens interdisant l'usage de l'éloquence devant le tribunal de l'Aréopage, les Romains repoussant la médecine, les Espagnols évitant d'envoyer des gens de justice dans le nouveau monde. (2) Dans le dernier de ces traits

---

(1) III, 12 ; voir aussi II, 12, éd. de Bordeaux, p. 220.

(2) T. IV. p. 15. « Rapprocher MONTAIGNE I, 51, éd. de Bordeaux, p. 392 ; II, 37, p. 587 ; III, 13, éd. Jouaust, t. 7, p. 4 : « Le roy Ferdinand, envoyant des colonies aux Indes, prouvent sagement qu'on n'y menast aucuns eschollers de la jurisprudence, de crainte que les procès ne peuplassent eu ce nouveau monde, comme estant science, de sa nature, generatrice d'altercation et division : jugeant avec Platon que c'est une mauvaise provision de pays que jurisconsultes et medecins.

principalement l'érudition propre de Montaigne, si je puis dire, est mise à contribution. Elle l'est d'une manière plus intéressante dans le passage que voici : « Tandis que les commodités de la vie se multiplient, que les arts se perfectionnent, et que le luxe s'étend, le vrai courage s'énerve, les vertus militaires s'évanouissent, et c'est encore l'ouvrage des sciences et de tous ces arts qui s'exercent dans l'ombre du cabinet. Quand les Goths ravagèrent la Grèce, toutes les bibliothèques ne furent sauvées du feu que par cette opinion semée par l'un d'entre eux, qu'il fallait laisser aux ennemis des meubles si propres à les détourner de l'exercice militaire, et à les amuser à des occupations oisives et sédentaires. Charles VIII se vit maître de la Toscane et du royaume de Naples sans avoir presque tiré l'épée, et toute sa cour attribua cette facilité inespérée à ce que les princes et la noblesse d'Italie s'amusaient plus à se rendre ingénieux et savants qu'ils ne s'exerçaient à devenir vigoureux et guerriers. En effet, dit l'homme de sens qui rapporte ces deux traits, tous les exemples nous apprennent qu'en cette martiale police, et en toutes celles qui y sont semblables, l'étude des sciences est bien plus propre à amollir et efféminer les courages qu'à les affermir et à les animer (1). » Cet homme de sens n'est autre que Montaigne qui termine ainsi son essai *Du Pédantisme*. « Les exemples nous

---

(1) T. IV, p. 29.

apprennent, et en cette martiale police (celle de Sparte) et en toutes ses semblables, que l'estude des sciences amollit et effemine les courages, plus qu'il ne les fermit et aguerrit. Le plus fort estat qui paroisse pour le moment au monde, est celui des des Turcs : peuples également duits à l'estimation des armes et mepris des lettres. Je trouve Rome plus vaillante avant qu'elle fust sçavante. Les plus belliqueuses nations en nos jours sont les plus grossières et ignorantes. Les Scythes, les Parthes, Tamburlan, nous servent à cette preuve. Quand les Goths ravagèrent la Grèce, ce qui sauva toutes les librairies d'estre passées au feu, ce fut un d'entre eux, qui sema cette opinion, qu'il fallait laisser ce meuble entier aux ennemis, propre à les destourner de l'exercice militaire et amuser à des occupations sedentaires et oisives. Quand nostre roy Charles huictieme sans tirer l'espée du fourreau, se veit maistre du royaume de Naples et d'une bonne partie de la Toscane, les seigneurs de sa cour attribuerent cette inesperée facilité de conqueste à ce que les princes et la noblesse d'Italie s'amusoient plus à se rendre ingenieux et sçavans que vigoureux et guerriers ».

Rousseau invoque lui aussi le témoignage de Rome en cette affaire. Mais ici Montaigne ne fournit pas seulement des faits, il suggère encore un aspect nouveau de l'idée générale : en même temps qu'elles ruinent les mœurs, les sciences détruisent le courage militaire. Ce sera ma troisième remarque :

non seulement beaucoup des faits de la première partie, mais encore beaucoup des idées de la seconde étaient déjà dans les *Essais*. Quand Rousseau veut montrer que les sciences sont encombrées d'erreurs, de tant de manières qu'il a de le faire, celle qui se présente à son esprit rappelle manifestement Montaigne. « Le faux est susceptible d'une infinité de combinaisons, dit-il, mais la vérité n'a qu'une manière d'être (1) ». Un des éditeurs de Rousseau a déjà rapproché de cet argument la phrase des *Essais* que voici : « Si comme la verité, le mensonge n'avoit qu'un visage, nous serions en meilleurs termes, car nous prendrions pour certain l'opposé de ce que dirait le menteur. Mais le revers de la verité a cent mille figures et un champ indefini... Mille routes desvoient du blanc, une y va (2) ». Mais poursuivons le raisonnement de Rousseau : « Même avec la meilleure volonté à quelles marques est-on sûr de la reconnaître (la vérité) ? Dans cette foule de sentiments différents quel sera notre critérium ? ». Montaigne disait : « Il n'est pas, à l'aventure, que quelque notice veritable ne loge chez nous, mais c'est par hasard. Et d'autant que par mesme voye, mesme façon et conduite, les erreurs se reçoivent en nostre ame, elle n'a pas dequoy les distinguer ny dequoy choisir la verité du mensonge (3) ». Avant Rousseau, Montaigne avait longuement établi dans

---

(1) T. IV, p. 22.
(2) I, 9, éd. de Bordeaux, p. 41.
(3) II, 12, éd. de Bordeaux, p. 309.

l'*Apologie de Sebonde* que l'orgueil du savoir engendre l'incrédulité (1). Pour montrer que les sciences ruinent les qualités morales, Rousseau critique l'enseignement des collèges, et sur ce sujet ce sont les expressions mêmes de Montaigne qui se glissent sous sa plume : « C'est dès nos premières années qu'une éducation insensée orne notre esprit et corrompt notre jugement. Je vois de toutes parts des établissements immenses où l'on élève à grands frais la jeunesse pour lui apprendre toutes choses, excepté ses devoirs. Vos enfants ignoreront leur propre langue, mais ils en parleront d'autres qui ne sont en usage nulle part ; ils sauront composer des vers qu'à peine ils pourront comprendre ; sans savoir démêler l'erreur de la vérité, ils posséderont l'art de les rendre méconnaissables aux autres par des arguments spécieux : mais ces mots de magnanimité, d'équité, de tempérance, d'humanité, de courage, ils ne sauront ce que c'est... J'aimerais autant, disait un sage, que mon écolier eût passé le temps dans un jeu de paume ; au moins le corps en serait plus dispos. Je sais qu'il faut occuper les enfants, et que l'oisiveté est pour eux le danger le plus à craindre. Que faut-il donc qu'ils apprennent ? Voilà certes une belle question ! Qu'ils apprennent ce qu'ils doivent faire étant hommes, et non ce qu'ils doivent oublier (2) ». Ce sage, c'est Montaigne, et dans le

---

(1) Essai II, 12, p. 220 et suiv.
(2) T. IV, p. 31.

même essai *Du pédantisme* où Rousseau puise cette autorité, il trouve rapporté le mot d'Agésilas qu'il cite également sur l'utilité de faire apprendre aux enfants « ce qu'ils doivent faire estants homes (1) ». Le même principe utilitaire dictait à Montaigne sa méthode. Nous l'avons entendu déjà condamner la stérile étude des langues, la dialectique, et réclamer pour les enfants l'enseignement moral que négligent les collèges. Et Rousseau poursuit dans une note : « Telle était l'éducation des Spartiates, au rapport du plus grand de leurs rois. C'est, dit Montaigne, chose digne de très grande consideration, qu'en cette excellente police de Lycurgus, et à la verité monstrueuse par sa perfection, si soigneuse pourtant de la nourriture des enfants, comme de sa principale charge, et au giste même des muses, il s'y fasse si peu mention de la doctrine : comme si cette genereuse jeunesse desdaignant tout autre joug, on lui ayt deu fournir, au lieu de nos maistres de science, seulement des maistres de vaillance, prudence et justice ». La note se continue longuement en citation. Tout cela est encore emprunté à l'essai *Du pedantisme*, dont le dernier tiers presque en entier passe ainsi chez Rousseau.

Remarquons enfin que certaines réminiscences plus discrètes, plus sujettes à contestation par conséquent, mais pourtant très probables, semblent révéler vers 1750 un commerce intime, habituel de

---

(1) I, 25, édit. de Bordeaux. p. 178 et 185.

Rousseau avec le livre de Montaigne. Ce ne sont plus des emprunts avoués ou faciles à déterminer, ce sont des imitations insensibles, ce sont des souvenirs qu'il ne reconnaît peut-être pas, et qui, lui remontant spontanément à la pensée, indiquent qu'il faisait des *Essais* sa nourriture intellectuelle. Voici une phrase, par exemple, qui se glisse sous sa plume : « Jusqu'alors les Romains s'étaient contentés de pratiquer la vertu, tout fut perdu quand ils commencèrent à l'étudier (1) ». C'est la traduction d'une sentence de Sénèque avec laquelle Montaigne l'a familiarisé. L'a-t-il reconnue ? « Postquam docti prodierunt, boni desunt », disaient Sénèque et Montaigne (2). Le discours s'achève sur une antithèse, qui n'appartenait pas moins à son Montaigne qu'à son Plutarque, l'opposition du bien dire et du bien faire : « Tâchons de mettre entre eux et nous cette distinction glorieuse qu'on remarquait jadis entre deux grands peuples, que l'un savait bien dire et l'autre bien faire (3) ». Il est si plein des *Essais* que parfois des souvenirs de Montaigne provoquent des associations inattendues qui donnent une forme piquante à ses idées. Il reproche aux sages de son temps, comme de toutes les époques savantes, leur « raffinement d'intempérance » et leur « artificieuse simplicité ».

---

(1) T. IV, p. 18.
(2) Essai I, 25, éd. de Bordeaux, p. 182.
(3) Ces deux peuples sont les Athéniens et les Spartiates ; cf. MONTAIGNE, encore dans l'essai *Du pédantisme*, I, 25, éd. de Bordeaux, p. 185.

Un mot de Montaigne à ce sujet lui traverse l'esprit :
« J'ayme à contester et à discourir, mais c'est avec
peu d'hommes, et pour moy. Car de servir de spectacle aux grands, et faire à l'envie parade de son
esprit et de son caquet, je trouve que c'est un mestier
tres messeant à un homme d'honneur » (1). Et voilà
tous ses contemporains tournés en ridicule : « C'est
celui (le métier) de tous nos beaux esprits hors
un » (2). Voici encore un mouvement où j'entends
passer un écho de Montaigne : « Répondez-moi donc,
philosophes illustres, vous par qui nous savons en
quelles raisons les corps s'attirent dans le vide,
quelles sont, dans les révolutions des planètes, les
rapports des aires parcourues en temps égaux,
quelles courbes ont des points conjugués, des points
d'inflexion et de rebroussement, comment l'homme
voit tout en Dieu, comment l'âme et le corps se
correspondent sans communication, ainsi que
feraient deux horloges ; quels astres peuvent être
habités ; quels insectes se reproduisent d'une
manière extraordinaire : répondez-moi, dis je, vous
de qui nous avons reçu tant de sublimes connaissances : quand vous ne nous auriez jamais rien
appris de ces choses, en serions-nous moins
nombreux, moins bien gouvernés, moins redoutables, moins florissants, ou plus pervers (3) ? ».
Avec l'apostrophe en moins, qui est un tour cher à

---

(1) Essai III, 8, éd. Jouaust, t. VI, p. 83.
(2) T. IV, p. 10, note 1.
(3) T. IV, p. 23.

Rousseau, nous avons la même antithèse dans l'essai sur l'*Institution des Enfants* entre les sciences vaines et celles qui nous importent : « C'est une grande simplesse d'apprendre à nos enfants

Quid moveant pisces, animosaque signa leonis,
Lotus et Hesperia quid capricornus aqua,

La science des astres et le mouvement de la huitiesme sphere avant que les leurs propres... (1) ».

De ces observations nous pouvons conclure que, vers 1750, Rousseau est tout pénétré de la lecture de Montaigne. Ce n'est pas une raison suffisante pour déclarer qu'il a emprunté à Montaigne son paradoxe, qu'il le lui doit, ou pour parler comme l'a fait un critique allemand, de « pensées étrangères » chez Rousseau. Le paradoxe des arts et des sciences est bien à Rousseau. Il a sa source dans son tempérament, dans sa naissance genevoise qui l'incite à juger sévèrement le luxe et l'immoralité de la haute société, dans son passé de déceptions, d'ambitions inassouvies, qui l'aigrit contre un monde où il n'est pas parvenu à se faire la place qu'il espérait, dans la gaucherie timide dont il n'a jamais pu se défaire en fréquentant les salons et qui l'y ont fait paraître toujours comme un étranger désorienté et désemparé. Son discours ampoulé, mais ardent, est le cri de vengeance de sa nature longtemps comprimée contre toutes les contraintes sociales dans lesquelles il s'efforçait de

(1) I, 26, éd. de Bordeaux, p. 206.

la garrotter depuis dix ans. Si la fameuse scène d'inspiration enthousiaste sous le chêne de la route de Vincennes n'est pas vraie d'une vérité historique, elle l'est du moins, si je puis dire, d'une vérité symbolique, elle nous laisse entrevoir la sincérité passionnée de l'auteur. Marmontel a tort de voir dans le *Discours de Dijon* un froid paradoxe conseillé par Diderot à son ami dans le dessein de fuir la banalité. Diderot lui-même a détruit cette légende; il a dit que Rousseau avait écrit ce discours parce qu'il était Rousseau, parce qu'il portait la peine de tout son passé d'aventurier et de vagabond.

Les *Essais* lui ont donné courage. Le courant de la tradition était si fort que jusqu'alors Rousseau s'était laissé entraîner par lui. Il s'était travaillé à se polir, à faire le bel esprit, à composer des morceaux de salon, à surpasser les autres dans tous les travers qu'il va bafouer maintenant. Braver l'opinion de tous est une tentative hardie. L'exemple de Montaigne l'a animé. Il n'était pas fâché de se cacher de temps à autre sous son autorité. Montaigne jouissait alors d'un grand prestige, il n'était pas de meilleur garant. Et voilà pourquoi les notes de Rousseau nous renvoient si volontiers aux *Essais*.

Mais Montaigne a fait plus. A la faveur de fréquentes lectures, il avait déposé pour ainsi dire dans l'esprit de Rousseau les matériaux dont il bâtira son discours. Rousseau n'avait pas besoin d'être enflammé par personne. Le sentiment de la vanité de toute cette politesse mondaine, il l'avait plus que tout autre. Il en était pénétré antérieurement à toute démonstration, antérieurement à toute idée claire. C'est la traduction des sentiments en idées qui quelquefois chez lui était difficile. Elle a dû être très facilitée dans le cas présent par cette circonstance que les idées et les faits dont il avait besoin, il les avait rencontrés en bonne partie chez Montaigne, interprétés par Montaigne dans le sens où lui-même avait à les interpréter. Et c'est ce qui fait que dans sa déclamation tant d'idées rappellent les *Essais*, que non seulement des exemples leur sont empruntés, mais que même pour des exemples de notoriété commune, je dirai presque pour des exemples qu'il devait rencontrer dans ses souvenirs d'écolier, Rousseau trouve encore le moyen de rappeler Montaigne.

La thèse de Rousseau était sincère, sincère de cette sincérité limitée dont sont capables les hommes très imaginatifs, très enthousiastes, aux convictions déclamatoires, si l'on peut ainsi dire, mais elle était pleinement d'accord avec la pensée intime de l'auteur. Elle était originale, non pas qu'elle fût nouvelle et inédite comme ont pu le croire quelques contemporains, mais en ce qu'elle jaillissait du fond de sa nature. Toutefois les œuvres qui correspondent le plus à notre nature ne sont pas nécessairement les fruits les plus spontanés de notre esprit. Témoin ces longues années durant lesquelles Rousseau a paru écrire comme en marge de sa pensée propre. S'il a fallu un accident et comme une chiquenaude du sort pour le mettre dans son vrai chemin, pourquoi ne pas accorder que des influences littéraires y ont encore beaucoup contribué. Je crois que l'influence de Montaigne a été importante. On a cité encore d'autres auteurs : Corneille Agrippa, auteur d'un *De incertitudine et vanitate scientiarum* dont Montaigne avait fait usage, Lilio Giraldi, Mandeville. Il est possible que Rousseau ait lu l'un ou l'autre de ces ouvrages, et que tel ou tel détail leur soit imputable ; en tout cas il ne s'agit que de détails. Une influence de Plutarque, du Plutarque de son enfance, plus diffuse, plus profonde, est probable, mais elle se confond ici avec celle de Montaigne. Montaigne a semé dans la pensée de Rousseau des germes que le jour venu, son enthousiasme n'a plus eu qu'à vivifier. C'est lui qui a encouragé aussi Rousseau à prendre conscience de lui-même en face de son siècle.

Le discours de Dijon suscita une polémique très vive (1). On parle de soixante-huit réponses ou articles dirigés contre Rousseau. Ce qui confère quelque intérêt à cette querelle de beaux esprits, c'est qu'elle incita Rousseau à s'entêter dans sa thèse, à s'enfoncer de plus dans son paradoxe. Il répondit aux plus marquants de ses adversaires, et

---

(1) On trouvera les principaux pamphlets auxquels elle donna naissance dans le *Manuel bibliographique de la littérature française moderne* de M. LANSON, n°s 10714 et suivants.

dans ses réponses il se trouva amené à corriger d'une manière insensible, sans l'avouer et peut être sans se l'avouer à lui-même, certaines de ses idées, à lever des contradictions ou à supprimer des incohérences, à coordonner toutes ses vues et à creuser plus avant ses conceptions. Ainsi Rousseau passe insensiblement du paradoxe du *Discours sur les sciences et les arts* au système du *Discours sur l'inégalité*. Ce n'est pas mon affaire de suivre ici dans le détail ce travail de systématisation, d'ailleurs très hésitant. Une phrase comme celle-ci, que je relève dans la Réponse au roi de Pologne, laisse voir le travail que Rousseau fait subir à ses idées à force de les défendre, et nous montre le passage du premier au second discours : « Ce n'est pas des sciences, me dit-on, c'est du sein des richesses que sont nés de tout temps la mollesse et le luxe. Je n'avais pas dit non plus que le luxe fût né des sciences, mais qu'ils étaient nés ensemble, et que l'un n'allait guère sans l'autre. Voici comment j'arrangerais cette généalogie. La première source du mal est l'inégalité : de l'inégalité sont venues les richesses ; car ces mots de pauvre et de riche sont relatifs, et partout où les hommes seront égaux il n'y aura ni riches ni pauvres. Des richesses sont nés le luxe et l'oisiveté ; du luxe sont venus les beaux-arts, et de l'oisiveté les sciences (1) ». On aperçoit ici l'importance capitale que prend peu à peu l'idée d'inégalité.

(1) T. IV, p. 85.

Je ne crois pas que Montaigne ait été pour quelque chose dans cette transformation. Montaigne, en revanche, continue à jouer le même rôle que dans le premier discours. D'une part, toujours pénétré des *Essais*, Rousseau continue à leur faire des emprunts, tantôt plus et tantôt moins conscients ; d'autre part il aime à alléguer à ses contradicteurs l'autorité de leur auteur.

Dans la réponse à M. Gautier, ou, plus exactement dans la *Lettre à Grimm* sur la réfutation de M. Gautier, comme le professeur défendait l'éducation des collèges, c'est Montaigne que Rousseau charge de lui répondre : « Nous nous enquerons volontiers, sait-il du grec ou du latin ? Escrit-il en vers ou en prose ? Mais s'il est devenu meilleur ou plus advisé, c'estoit le principal et c'est ce qui demeure derriere. Criez d'un passant à nostre peuple, o le savant homme ! et d'un aultre, o le bon homme ! Il ne fauldra pas de tourner ses yeulx et son respect vers le premier. Il fauldroit un tiers crieur, o les lourdes testes ! » Et pour qu'on n'ait garde de s'y tromper il a bien soin de signaler que la citation est de Montaigne (1).

(1) T. IV, p. 53 ; dans MONTAIGNE, I, 25, éd. de Bordeaux, p. 175. Voici en outre une réminiscence très probable des *Essais* : « Nous voilà dans les recherches des critiques, dans les antiquités, dans l'érudition. Les brochures se transforment en volumes, les livres se multiplient, et la question s'oublie. C'est le sort des disputes de littérature, qu'après des in-folio d'éclaircissements on finit toujours par ne savoir plus où l'on en est. « (t. IV, p. 50) Au début de l'essai III, 13, on trouvera la même idée longuement développée que les gloses et les commentaires finissent par étouffer les textes et faire perdre de vue les problèmes.

Dans la réponse au roi de Pologne il en appelle jusqu'à trois fois à l'autorité de Montaigne, et en outre il lui fait trois emprunts. Il suffit de renvoyer aux passages où Montaigne est cité (1). Un seul de ces passages, au reste, est intéressant. Attaquer les lettres, disait le roi Stanislas, n'est-ce pas attaquer un des moyens qui servent à propager la religion ? On devine quelle importance il y avait pour Rousseau à écarter une pareille imputation. Heureusement Montaigne pense, comme lui-même, que les lettres nuisent à la religion plus qu'elles ne lui servent. « Nostre foy, dit Montaigne, ce n'est pas nostre acquest, c'est un pur present de la liberalité d'aultruy. Ce n'est pas par discours ou par nostre entendement que nous avons receu nostre religion, c'est par authorité et par commandement estranger. La foiblesse de nostre jugement nous y ayde plus que la force, et nostre aveuglement plus que nostre clairvoyance. C'est par l'entremise de nostre ignorance plus que de nostre science que nous sommes sçavants de divin sçavoir... » Montaigne avait encore allégué à l'honneur de l'ignorance que Jésus-Christ pour répandre sa doctrine avait choisi non des savants mais les hommes les plus simples du peuple, Rousseau lui emprunte ce trait (2). Il lui doit également deux apophtegmes, l'un de Julien à ses flatteurs (3) et l'autre de Solon (4).

(1) Cf. t. IV, pp. 71, 73 et 84.
(2) T. IV, p. 78.
(3) T. IV, p. 67 ; essai I, 41, éd. de Bordeaux, p. 343.
(4) T. IV, p. 95 ; essai III, 9, éd. Jouaust, t. VI, p. 138. Il faut

Dans la Réponse à M. Bordes l'autorité de Montaigne est encore une fois alléguée (1). Rousseau lui emprunte en outre un argument nouveau : « Il ne faut que considérer les inquiétudes continuelles des médecins et des anatomistes sur leur vie et sur leur santé, pour savoir si les connaissances servent à nous rassurer sur nos dangers. Comme elles nous en découvrent toujours beaucoup plus que de moyens de nous en garantir, ce n'est pas une merveille si elles ne font qu'augmenter nos alarmes et nous rendre pusillanimes. Les animaux vivent sur tout cela dans une sécurité profonde, et ne s'en trouvent pas plus mal. Une génisse n'a pas besoin d'étudier la botanique pour apprendre à trier son foin... (2) ». En conséquence de ces observations, Rousseau prend le parti de l'instinct contre celui de la raison. C'est aussi ce que faisait Montaigne dans l'*Apologie de Sebonde*, où il énumère tous les avantages de l'animal sur l'homme. Parmi les inconvénients que traîne après elle la raison humaine la connaissance des maux qui nous menacent est au nombre des plus fâcheux. « Nous en voyons ordinairement se faire seigner, purger et medeciner pour guerir des maux qu'ils ne sentent qu'en leurs discours. Lors que les vrais maux nous faillent, la

---

remarquer toutefois que ce dernier trait est chez PLUTARQUE ; lecteur assidu de Plutarque, Rousseau a pu le prendre directement chez cet auteur.
(1) T. IV, p. 117.
(2) T. IV p. 126.

science nous preste les siens. Cette couleur et ce teint vous presagent quelque defluxion catarreuse ; cette saison chaude vous menasse d'une emotion fievreuse ; cette coupeure de la ligne vitale de vostre main gauche vous advertit de quelque notable et voisine indisposition... Comparés la vie d'un homme asservy à telles imaginations à celle d'un laboureur se laissant aller apres son appetit naturel, mesurant les choses au seul sentiment present, sans science et sans prognostique, qui n'a du mal que lorsqu'il l'a, où l'autre a souvent la pierre en l'ame avant qu'il l'ait aux reins... Les bestes nous montrent assez combien l'agitation de nostre esprit nous apporte de maladies (1) ». Et Montaigne revient longuement sur cette même idée dans l'essai *De la physionomie* (2). Rousseau lui emprunte peut-être encore une citation latine qui sert à appuyer sa thèse : paucis est opus litteris ad mentem bonam (3). Peut-être pourrait-on signaler encore deux autres réminiscences qui portent sur des idées accessoires (4).

Enfin dans la préface de *Narcisse*, qui est comme

---

(1) II, 12, éd. de Bordeaux, p. 210.
(2) III, 12.
(3) Rousseau, t. IV, p. 127 ; Montaigne, III, 12, éd. Jouaust, t. VI, p. 273.
(4) 1° Le mot de Charillus (Rousseau, t. IV, p. 98 ; Montaigne, III, 12, éd. Jouaust, t. VI, p. 313) ; mais l'exemple venant de Plutarque, on ne peut affirmer que Rousseau ne l'ait pas pris directement chez cet auteur ; 2° les exemples de continence de Cyrus, de Scipion et d'Alexandre (Rousseau, t. IV, p. 101 ; Montaigne, III, 10, éd. Jouaust, t. VI, p. 235, et II, 19, éd. de Bordeaux, p. 459.

une réponse à tous ses adversaires réunis, Rousseau cite encore un passage de Montaigne (1) pour établir que la science au lieu de nous prémunir contre les accidents naturels, nous rend plus sensibles à leurs coups, et il semble bien en outre se souvenir des *Essais* en développant deux idées qui sont intimement liées à sa thèse : 1° l'enseignement des collèges est néfaste (2), 2° toute nouveauté en matière de mœurs et de coutumes est un danger (3).

En tout cela nous ne voyons pas que Montaigne suggère à Rousseau aucune idée qui dépasse sensiblement le point de vue du *Discours sur les Sciences et les Arts*. Au plus pouvons-nous dire que dans la réponse à M. Bordes il l'aide à étendre le problème, à montrer dans les sciences ou mieux encore dans l'exercice de la raison, un principe de ruine non seulement pour la vertu, mais aussi pour le bonheur primitif, à concevoir l'homme comme d'autant plus heureux qu'il se tient plus près de l'instinct animal. L'emprunt que nous y avons relevé indique bien cette tendance. Mais avec cette idée jetée en passant nous sommes loin encore du *Discours sur l'inégalité*. De fait, l'influence de Montaigne, qui était grande dans la composition du premier discours, semble être négligeable dans le second.

(1) T. VI, p. 234 ; essai III, 12, éd. Jouaust, t. VI, p. 273.
(2) T. XI, p. 230.
(3) T. XI, p. 235.

Ce n'est pas qu'il n'ait exprimé avant Rousseau quelques-unes des idées qui s'y rencontrent. Sans doute, il n'a pas recherché l'origine de l'inégalité qui est entre les hommes, et c'était là proprement le sujet proposé à Rousseau par les académiciens de Dijon. Il n'a pas dénoncé la propriété individuelle comme étant le point de départ de tous nos malheurs, et il n'en a pas suivi toutes les conséquences sociales. Toute la seconde partie du discours où Rousseau prétend retrouver les échelons successifs par lesquels l'homme a passé de l'état de nature à la société policée n'a pas d'équivalent dans les *Essais*. La première partie, en revanche, est remplie par une peinture idéalisée de l'état de nature. L'homme, sortant des mains du créateur, menait une vie exempte de vices et de misères. Ses membres vigoureux et ses sens aiguisés le mettaient à l'abri des attaques; il ne connaissait pas les désirs et les passions qui nous assiègent, les maladies dont nous sommes accablés. Ces idées-là ne sont pas étrangères à Montaigne. Lui aussi a aimé à se représenter l'état de nature comme un état de félicité et de vertu. Par esprit de réaction contre les mœurs de son pays il peignait volontiers les sauvages sous des traits idéalisés. Son essai *Des Cannibales* est bien significatif à ce point de vue. Ce n'était chez lui qu'un paradoxe accidentel, une exagération à la manière de Tacite décrivant les mœurs des Germains pour humilier ses compatriotes; il n'en était pas moins d'accord avec

Rousseau pour voir dans l'abus de l'exercice de la raison l'origine de bien des maux. « Ce n'est pas raison que l'art gaigne le point d'honneur sur nostre grande et puissante mere nature. Nous avons tant rechargé la beauté et richesse de ses ouvrages par nos inventions que nous l'avons du tout estouffée. Si est-ce que, par tout où sa pureté reluit, elle fait une merveilleuse honte à nos vaines et frivoles entreprinses. (1)... » Les productions de l'art désignent pour Montaigne tout ce qui vient de l'homme. Tout cela indistinctement ne peut que gâter la nature. Et il nous fait admirer longuement les mœurs des cannibales. Ce sont des nations « fort voisines de leur naïveté originelle. Les lois naturelles leur commandent encore, fort peu abastardies par les nostres », car ils n'ont aucune institution sociale, ne connaissent ni commerce ni industrie, et la félicité de leur condition surpasse toutes les peintures de l'âge doré.

Il suffira de passer en revue rapidement les principaux endroits du discours où l'on peut croire à des réminiscences des *Essais* pour se persuader que, en dépit de ces points de contact, Rousseau ne doit ici que bien peu à Montaigne.

Dans la préface je relève au début ce lieu commun qu'aucune connaissance n'est difficile à acquérir comme la connaissance de l'homme. « J'ose dire que la seule inscription du temple de Delphes contenait

---

(1) I, 30, éd. de Bordeaux, p. 268.

un précepte plus important et plus difficile que tous les gros livres des moralistes (1) ». Mais, aussi bien qu'à Montaigne (2) cette allusion peut nous renvoyer à Plutarque dont Montaigne s'est inspiré. A la fin (3) on lit une citation de Perse qui est dans l'essai I, 26 (4). Les satires de Perse ne devaient pas être une des lectures habituelles de Rousseau, et un intermédiaire ici est vraisemblable. Pourtant une divergence entre les textes me fait douter que Montaigne soit cet intermédiaire.

Dans le discours lui-même on peut noter : 1° p. 221, cette idée que la médecine n'améliore pas la santé publique. A cette date elle est devenue banale pour Rousseau, étant donné le cercle d'idées dans lequel il vit depuis son premier discours. Notons pourtant ces mots qui pourraient bien évoquer le souvenir d'un passage de Montaigne que nous avons déjà cité (5) : « Comment cela pourrait-il être (que la médecine allongeât la vie moyenne de l'homme) si nous nous donnons plus de maux que la médecine ne peut nous fournir de remèdes ? »

2° p. 225, sur la différence entre les hommes et les animaux, l'idée que l'homme diffère de l'animal seulement par la liberté, qui lui permet de s'écarter de la règle à son préjudice. Montaigne a dit cela

---

(1) T. IV, p. 201.
(2) Essais II, 12, et III, 13 *passim*.
(3) T. IV, p. 210.
(4) Ed. de Bordeaux, p. 205.
(5) Voir ci-dessus, p. 143.

dans l'essai II, 12 (1), mais les termes sont si différents de part et d'autre que la réminiscence est douteuse. Pourtant Rousseau pense aux *Essais* sans doute quand il écrit: « Quelques philosophes ont avancé qu'il y a plus de différence de tel homme à tel homme que de tel homme à telle bête ». Montaigne a dit cela au début de l'essai I, 42, et encore dans l'essai II, 12. Il est vrai que Locke avait répété cet aphorisme et que Plutarque avait dit quelque chose d'analogue (2). Si Rousseau met le pluriel, c'est peut-être parce qu'il pense à tous les trois.

3° p. 245, mention du fait qu'Alexandre de Phères, si cruel, ne pouvait supporter les représentations tragiques. Mais cette anecdote également peut venir ou de Montaigne II, 27, ou de Plutarque.

4° p. 276, une citation latine d'Ovide. Chez Ovide elle exprime la stupeur de Midas et son repentir lorsque, son vœu exaucé, tous les objets qu'il touche se convertissent en or; chez Rousseau la stupeur et le repentir de la race humaine lorsqu'elle constate tous les maux qu'elle a attirés sur elle par la cupidité, qui lui a fait instituer la propriété. Chez Montaigne (3) il s'agit de Midas comme chez Ovide, et nous n'y retrouvons pas la même application que chez Rousseau. Dans ces conditions la source est douteuse.

(1) Ed. de Bordeaux, p. 163.
(2) Voir ci-dessus p. 11.
(3) II, 12, éd. de Bordeaux, p. 332.

5° p. 302, le discours s'achève sur cette phrase : « Il est manifestement contre la loi de nature, de quelque manière qu'on la définisse, qu'un enfant commande à un vieillard, qu'un imbécile conduise un homme sage, et qu'une poignée de gens regorge de superfluités, tandis que la multitude affamée manque du nécessaire ». Montaigne rencontra à Rouen des sauvages qu'il interrogea sur leurs impressions, et voici deux de leurs observations dont il avait gardé le souvenir : « Ils dirent qu'ils trouvoient, en premier lieu, fort estrange que tant de grands hommes, portans barbe, forts et armez, qui estoient autour du Roy (il est vray-semblable que ils parloient des Suisses de sa garde), se soubs-missent à obeyr à un enfant, et qu'on ne choisissoit plus tost quelqu'un d'entr'eux pour commander ; secondement (ils ont une façon de leur langage telle qu'ils nomment les hommes moitié les uns des autres) qu'ils avoyent aperçeu qu'il y avoit parmy nous des hommes pleins et gorgez de toutes sortes de commoditez, et que leurs moitiez estoient mendians à leurs portes, decharnez de faim et de pauvreté ; et trouvoient estrange comme ces moitiez icy necessiteuses pouvoient souffrir une telle injustice, qu'ils ne prinsent les autres à la gorge, ou missent le feu à leurs maisons » (1).

6° p. 314, la neuvième des notes ajoutées par

---

(1) I, 31, éd. de Bordeaux, p. 280.

Rousseau à la suite de son discours, à propos de cette idée que dans l'état social la prospérité de l'un est toujours la ruine d'un autre fait une allusion directe à l'essai I, 22. Ici il n'y a pas de doute puisque Montaigne est nommé. Il autorise cette idée que dans la vie civilisée les intérêts et les passions sont déchaînés de telle sorte que les hommes se réjouissent des maux de leurs semblables.

Les autres rapprochements qu'on pourrait proposer entre le *Discours sur l'origine de l'inégalité* et les *Essais* seraient encore moins précis et moins significatifs. Le seul qui soit incontestable, le dernier, n'apporte qu'une maigre contribution. Rousseau transforme vraiment la pensée de Montaigne en l'adoptant. L'observation chez Montaigne était toute générale, elle signalait un défaut de l'espèce humaine sans en tirer aucune conclusion sur les bienfaits ou les inconvénients de la vie sociale. Elle ne prend une portée pour Rousseau que parce que Rousseau l'interprète d'un point de vue qui lui est propre, dans le sens de sa théorie : il voit dans ce défaut une conséquence de la vie sociale et prétend que dans l'état de nature ce défaut n'existerait pas. Il aurait pu interpréter de même des reproches adressés à l'espèce par beaucoup d'autres moralistes. De l'essai *Des Cannibales* je ne vois qu'une réminiscence, la sixième. Encore n'oserais-je pas garantir qu'il y ait là réminiscence. En tout cas la dette de Rousseau envers Montaigne est insignifiante.

C'est que cette fois Rousseau prétendait établir son système sur des faits historiques bien constatés. Pour cela, Montaigne ne lui offrait pas une enquête suffisamment étendue sur l'homme de la nature. Il devait s'adresser bien plutôt à un ouvrage d'allure scientifique, qui traitât avec précision ces questions, qui fût au courant des observations les plus récentes. L'*Histoire naturelle* de Buffon, dont le début avait paru en 1749, répondait exactement à ses besoins et c'est pourquoi il la cite volontiers. Pour compléter l'histoire de l'homme que Buffon lui présente et pour mieux connaître la vie des sauvages il a recours aux relations de voyages, et, bien que les renseignements qu'il y trouve lui semblent parfois insuffisamment précis, il leur emprunte de nombreux traits. L'état de nature reconstitué, pour imaginer comment l'homme s'en est écarté, comment les relations sociales se sont nouées, comment s'est dégagée la notion du droit, tout naturellement ses guides sont Grotius et Pufendorf, les deux maîtres reconnus alors de tous en pareille matière. Il les critique, il les corrige, mais il leur doit beaucoup. Locke aussi est cité jusqu'à quatre fois (1). Il ne s'agit plus, bien entendu, de l'auteur des *Pensées sur l'éducation*, mais de l'auteur du *Traité du gouvernement civil*. Son influence cependant est beaucoup moins grande, et quelquefois ses idées, comme celles de Hobbes, ne sont mentionnées que pour être réfutées. On peut

---

(1) PP. 267, 284, 287, 329.

présumer encore que quelques amis de Rousseau, comme Condillac et Diderot l'ont aidé par leurs conversations à dégager ses idées. En tout cas la part de Montaigne est très réduite (1).

Rousseau est maintenant en possession de son système. Il considère comme démontré que la nature a fait l'homme heureux et bon, que la propriété et la vie sociale l'ont rendu méchant et malheureux. Il suivra désormais dans ses différents écrits les conséquences de cette doctrine. La différence essentielle que nous allons reconnaître entre le *Projet d'éducation de M. de Sainte-Marie* et l'*Emile* procède de ce système. Rousseau ne se défiait pas encore de la société lorsqu'il conseillait de faire fréquenter de nombreuses compagnies à son disciple, lorsqu'il demandait à M. de Mably de lui indiquer des maisons où il pût le conduire. Il ne se proposait pas d'en faire l'enfant de la nature. Maintenant toutes ses idées pédagogiques vont se subordonner à ce concept que la nature a fait l'homme bon et qu'il faut la conserver en lui aussi intacte qu'il est possible ; elles se teinteront de nuances nouvelles, et, au besoin, se transformeront radicalement suivant les exigences de ce principe fondamental. Le système de Rousseau tiendra une

---

(1) Je renvoie le lecteur à l'étude que M. Morel vient de publier dans le cinquième tome des *Annales de la Société Jean-Jacques-Rousseau* sur les *Sources du discours sur l'inégalité*. Je regrette de n'avoir pas connu plus tôt cet excellent article, qui m'aurait permis d'abréger et d'alléger ce trop long chapitre.

place si considérable dans ses théories pédagogiques que, recherchant l'influence de Montaigne sur les théories pédagogiques, nous devions nous demander s'il n'avait pas contribué en quelque chose à la constitution du système.

Notre conclusion est que Montaigne, qui est incontestablement un des maîtres dont s'est nourrie la pensée de Rousseau (1), a beaucoup contribué à l'engager dans la route qui l'a conduit à son système. Il est pour beaucoup dans la composition du *Discours sur les Sciences et les Arts*. Il a aidé Rousseau à se poser en adversaire des productions les plus hautes de la vie sociale, en avocat de l'ignorance et de la simplicité, en admirateur de l'état de nature et en détracteur de la société. Mais quand Rousseau a voulu passer des paradoxes très simples du premier discours à une doctrine bien

---

(1) On trouvera encore des emprunts à Montaigne qui datent de la même période dans le discours destiné à l'Académie de Corse dont le titre est : *Quelle est la vertu la plus nécessaire aux héros et quels sont les héros à qui cette vertu a manqué*. Montaigne y est nommé (t. IV, p. 158). Un long développement de la page 151 paraît s'inspirer directement de l'essai II, 1 : « Combien d'actions mémorables ont été inspirées par la honte ou par la vanité ! combien d'exploits exécutés à la face du soleil, sous les yeux des chefs et en présence de toute une armée, ont été démentis dans le silence et l'obscurité de la nuit ! Tel est brave au milieu de ses compagnons qui ne serait qu'un lâche abandonné à lui-même.... Tel affronte sur une brèche la mort et le fer de son ennemi qui dans le secret de sa maison ne peut soutenir la vue du fer salutaire d'un chirurgien. » De cette dernière phrase on peut rapprocher en outre cette phrase de Montaigne: « Nous sentons plus un coup de rasoir du chirurgien que dix coups d'espée en la chaleur du combat. » (I, 14, éd. de Bordeaux, p. 70).

liée, quand il a voulu bâtir sa théorie sur des faits établis et se représenter l'histoire de la race humaine, alors Montaigne a cessé d'être son guide et il a puisé à d'autres sources. Si l'impulsion vient des *Essais*, le système vient d'ailleurs. La critique de la société n'était chez Montaigne qu'un paradoxe accidentel. Pour en faire la base de sa philosophie, Rousseau devait l'appuyer sur d'autres fondements. Au reste s'il demande des matériaux à quelques-uns de ses devanciers sa construction porte clairement l'empreinte de sa personnalité.

CHAPITRE III

L'Emile, les principes généraux

Désormais Rousseau devait proposer à ses réflexions pédagogiques un but différent de celui qu'avait poursuivi Montaigne. L'auteur de l'essai sur l'*Institution des enfants* s'adressait à un jeune noble et voulait en faire un honnête homme. C'était bien aussi le cas de Rousseau lorsque, en 1740, il dirigeait l'éducation de M. de Sainte-Marie. Maintenant, son système l'oblige à prendre une attitude tout autre. Il prétend élever l'homme de la nature. Les particularités de naissance et de classe perdent donc pour lui toute importance. L'homme est toujours le même aux yeux de la nature ; l'éducateur n'a pas à tenir compte des inégalités artificielles qui naissent de la vie de société, des différences superficielles que créent les circonstances de nationalité ou de situation sociale. Rousseau s'adresse à tout le monde. « Il me suffit que, partout où naîtront des hommes, on puisse en faire ce que je propose ; et, qu'ayant fait d'eux ce que je propose, on ait fait ce qu'il y a de meilleur, et pour eux-mêmes et pour autrui (1) ». Et encore : « Jusqu'ici je n'ai point distingué les états, les rangs, les fortunes ; et je ne les distinguerai guère plus, dans la suite, parce que l'homme est le même dans tous les états ; que le riche n'a pas l'estomac plus grand que le pauvre et ne digère pas mieux que lui ; que le maître n'a pas les bras plus longs ni plus forts que ceux de son esclave ; qu'un grand n'est pas plus grand qu'un homme du peuple ; et qu'enfin les besoins naturels étant partout les mêmes, les moyens d'y pourvoir doivent être partout égaux. Appropriez l'éducation de l'homme à l'homme, et non pas à ce qui n'est point lui (2) ».

Le but est non d'adapter un individu à telle ou telle condition particulière dans laquelle il semble devoir vivre, mais d'en faire un homme. « Dans l'ordre naturel, nous dit-il, les hommes étant tous égaux, leur vocation commune est l'état d'homme ; et quiconque est bien élevé pour celui-là, ne peut mal remplir ceux qui s'y rapportent. Qu'on destine mon élève à l'épée, à l'église, au barreau, peu m'importe ; avant la vocation des parents, la nature l'appelle à la vie humaine. Vivre est le métier que je lui veux apprendre... Notre véritable étude est celle de la condition humaine (3) ». Vivre c'est être capable de faire face à toutes les difficultés, de tenir tête à la fortune quels que puissent être ses caprices.

(1) Préface, fin.
(2) T. VIII, p. 335.
(3) T. VIII, p. 18.

On doit apprendre à son enfant « à supporter les coups du sort, à braver l'opulence et la misère, à vivre, s'il le faut, dans les glaces d'Islande ou sur le brûlant rocher de Malte (1) ». N'allez pas répliquer que vraisemblablement de pareils accidents ne l'atteindront pas, que la sagesse serait de prévoir sa condition probable et de l'y préparer. Rousseau vous répondra que vous ignorez l'avenir. Si les hommes naissaient attachés au sol d'un pays, si la même saison durait toute l'année, si chacun tenait à sa fortune de manière à n'en pouvoir jamais changer, la pratique établie serait bonne à certains égards; l'enfant élevé pour son état, n'en sortant jamais, ne pourrait être exposé aux inconvénients d'un autre. Mais vu la mobilité des choses humaines, vu l'esprit inquiet et remuant de ce temps, qui bouleverse tout à chaque génération, peut-on concevoir une méthode plus insensée que d'élever un enfant comme n'ayant jamais à sortir de sa chambre, comme devant être sans cesse entouré de ses gens ? (2) ». Vous vous fiez à l'ordre actuel de la société sans songer que cet ordre est sujet à des révolutions inévitables, et qu'il vous est impossible de prévoir ni de prévenir celle qui peut regarder vos enfants. Le grand devient petit, le riche devient pauvre, le monarque devient sujet : les coups du

---

(1) T. VIII, p. 19. Cette mention du « brûlant rocher de Malte » pourrait bien être suggérée à Rousseau par un développement de Locke. Cf. Locke, ch. I, par. 6.

(2) T. VIII, p. 19.

sort sont-ils si rares que vous puissiez compter d'en être exempts ? Nous approchons de l'état de crise et du siècle des révolutions. Qui peut vous répondre de ce que vous deviendrez alors ? Tout ce qu'ont fait les hommes, les hommes peuvent le détruire : il n'y a de caractères ineffaçables que ceux qu'imprime la nature, et la nature ne fait ni princes, ni riches, ni grands seigneurs » (1). Les prédictions de Rousseau se sont réalisées, mais ne croyez pas que sa doctrine y soit subordonnée. Même en des temps moins gros de tempêtes il eût été amené par ses principes à proposer le même idéal : « l'éducation naturelle doit rendre un homme propre à toutes les conditions humaines (2) ».

Son système lui fournit encore l'axiome sur lequel reposera toute sa pédagogie. Il est affirmé dès la première phrase du livre : « Tout est bien sortant des mains de l'auteur des choses, tout dégénère entre les mains de l'homme ». Pour l'adapter aux conditions sociales dans lesquelles il devait vivre, Montaigne s'efforçait d'agir sur son disciple ; Rousseau veut au contraire écarter l'action sociale, en préserver son Emile de manière à ce que la nature se développe en lui aussi intégralement que possible. C'est que la nature est bonne, toujours et incontestablement bonne. L'intervention de l'homme ne peut que la gâter. Epier la nature dans

---

(1) T. VIII, p. 336.
(2) T. VIII, p. 42.

toutes ses manifestations pour la sauvegarder, la nature sous toutes ses formes, la nature de l'homme, la nature de l'enfant en général, la nature particulière de chaque disciple, voilà la mission essentielle du gouverneur, qui doit « empêcher que les soins de la nature ne soient contrariés (1) ». Rousseau semble vouloir la préserver seulement, tant il a en elle une confiance ardente ; Montaigne vise à autre chose encore.

Ainsi, et par le but qu'ils se proposent, et par la conception qu'ils se font de la nature et de ses rapports avec l'éducation, Rousseau et Montaigne semblent être en opposition. Il ne faut cependant pas exagérer le contraste. Si Montaigne veut faire de son disciple un honnête homme, l'honnête homme, au sens où il le conçoit, ne saurait se passer de la sagesse. Or, la sagesse, pour ce fervent de l'antiquité, comporte une appréciation exacte des hommes et des choses, qui élève l'individu au-dessus des préjugés de caste comme de tous les préjugés, et une possession de soi-même qui le met en mesure de résister à tous les accidents de la fortune. L'état de sagesse de Montaigne est un peu l'état de nature de Rousseau, puisque pour Rousseau la société est la source de tous les préjugés et de toutes les faiblesses. Montaigne enseigne à bien vivre et à bien mourir. Il aurait bien volontiers dit avec Rousseau : « Celui d'entre nous qui sait le mieux supporter les

---

(1) T. VIII, p. 60.

biens et les maux de cette vie est à mon gré le mieux élevé (1) ». D'autre part, quelque effort que fasse Rousseau pour s'enfermer dans son système, il ne peut pas oublier complètement que son disciple doit vivre parmi les hommes. La vie sociale tient trop de place au XVIIIe siècle pour qu'il puisse la négliger absolument. Il ne peut que reculer le temps où il y préparera son disciple. Nous l'entendrons même parler avec beaucoup de pénétration et avec un goût très avisé du charme de la vie mondaine. Et ainsi Montaigne et Rousseau ont fait chacun un pas au-devant l'un de l'autre.

De même Montaigne n'est pas un philosophe qui juge la nature humaine perverse, ou dans la pensée duquel le dogme de la chute originelle occupe une place importante. Il croit qu'il peut se rencontrer des natures rebelles aux meilleures éducations, nous le lui avons entendu déclarer (2). Mais ce n'est là pour lui qu'un cas exceptionnel. Il est persuadé que la nature est bonne. Il nous a dit qu'il se défiait de l'art humain sous toutes ses formes. N'a-t-il pas posé comme première règle d'élever l'enfant en toute douceur et liberté ? La nature n'a pas besoin d'être contrainte et forcée comme le veut la tradition chrétienne. On doit l'aider à se développer librement. C'est par sa confiance dans la nature humaine que Montaigne s'opposait aux méthodes pédagogiques

---

(1) T. VIII, p. 18.
(2) Voir ci-dessus p. 94.

en usage de son temps, et toute sa philosophie nous montre en lui un défenseur de la bonne nature contre les contraintes de tout genre, aussi bien celles de la médecine que celles de la philosophie stoïcienne. Entre sa confiance et celle de Rousseau il n'y a qu'une différence de degré. Il n'a pas le dogmatisme intransigeant de Rousseau qui écrit : « Posons pour maxime incontestable, que les premiers mouvements de la nature sont toujours droits ; il n'y a point de perversité originelle dans le cœur humain ; il ne s'y trouve pas un seul vice dont on ne puisse dire comment et par où il y est entré (1) ». Montaigne sent que la nature est bonne, et son sentiment oriente ses théories ; pour Rousseau il y a là un postulat fondamental, et c'est de ce postulat que tous les principes pédagogiques doivent être déduits par voie de conséquence.

Rousseau reste donc assez près de Montaigne pour pouvoir profiter largement de ses réflexions. A ne regarder que les principes, il est plus loin de Locke, qui n'a pas exprimé la même confiance dans la bonté de la nature humaine. Pour Locke, dont toute la philosophie tend à faire aussi petite que possible la part des éléments innés, la nature semble être à peu près indifférente ; c'est le milieu qui fait l'homme. Mais si la nature ne donne à proprement parler aux enfants ni malice ni bonté, elle leur donne du moins des aptitudes, des goûts, des besoins, et si Locke

(1) T. VIII, p. 122.

s'indigne contre l'éducation traditionnelle, c'est surtout parce qu'elle néglige d'étudier le caractère de l'enfant et de s'y conformer. Par sa connaissance de la psychologie enfantine il ramène l'éducateur à la nature et défend ses droits. Et puis si Locke élève un gentleman, il lui vient parfois à l'esprit que ce gentleman peut être arraché à sa vie facile, qu'il doit être apte à mener une existence très différente. « Tout homme qui dans ce temps élève son enfant comme s'il le destinait à passer tranquillement sa vie dans la jouissance d'un beau revenu, n'a guère fait de réflexions sur les exemples qui lui ont passé devant les yeux, ni sur le siècle où il vit. « Bien que l'idéal de la bonne compagnie domine la pensée de Locke, les révolutions qui se sont succédé en Angleterre depuis cinquante ans et dont lui-même a été victime, lui enseignent qu'il ne doit pas s'en contenter. Enfin et surtout Locke est un disciple de Montaigne. Rousseau a des principes trop à lui pour se contenter des théories de Montaigne et de Locke. Sa doctrine sera indépendante. Ils ont pourtant assez de tendances communes avec lui pour que leurs suggestions puissent lui être précieuses. Tous les trois appartiennent au même courant. Tous les trois ils ont prétendu rendre l'éducation moins artificielle et plus conforme aux données de l'expérience. Rousseau est allé seulement plus loin que ses devanciers, beaucoup plus loin, il s'est avancé jusqu'au paradoxe et à la chimère. Il accepte ce que Montaigne a déjà fait en faveur de la nature, mais, se faisant d'elle une conception plus étroite et souvent arbitraire, plus jaloux de ses droits, il demande des réformes beaucoup plus radicales encore.

Sans doute Montaigne et Locke ont eu raison de combattre toute contrainte dans l'éducation, de s'élever contre les châtiments corporels, de poser en principe que l'enfant ne doit rien faire qu'avec plaisir (1). Le plaisir est un signe du libre épanouissement des forces naturelles, toute contrainte s'oppose à ce libre épanouissement, et par suite elle est mauvaise. Mais ce ne sont là que des précautions très insuffisantes pour sauvegarder la nature. Nombreuses sont les causes qui contrarient son développement, et Montaigne n'a pourvu qu'aux abus les plus criants. Les habitudes sont des limitations de la liberté naturelle. Montaigne demandait qu'on eût soin d'en rester maître, qu'on pût toujours s'en affranchir; Rousseau va plus loin, il ne veut pas que l'enfant en contracte aucune (2). Les exemples qui entourent l'enfant sont pour lui comme des invitations perpétuelles à sortir de la voie de nature pour s'engager dans les routes de la vie artificielle. Montaigne et Locke voulaient les utiliser: ils écartaient les mauvais et retenaient les bons.

---

(1) « On ne doit rien exiger des enfants par obéissance. » (t. VIII, p. 173) Comme Locke, Rousseau estime qu'il n'est « rien dont avec un peu d'adresse, on ne pût inspirer le goût, même la fureur, aux enfants, sans vanité, sans émulation, sans jalousie » (p. 203. Rapprocher Locke, ch. XVIII.)

(2) T. VIII, p. 64.

Tous sont mauvais aux yeux de Rousseau, ou presque tous. Il exige que l'enfant en soit préservé et pour cela on l'isolera de ses semblables. On le tiendra à la campagne. Et sans doute l'isolement absolu n'est pas réalisable, pas plus que le complet affranchissement de toute habitude, c'est du moins le but idéal où il faut tendre. Locke comptait beaucoup sur l'influence des parents et sur celle du gouverneur ; Rousseau les limite autant qu'il est possible, et il ne veut pas entendre parler d'ordres et de défenses qui seraient autant de contraintes apportées à la liberté de l'enfant. Il rejette encore les mobiles d'action que Locke demandait aux sentiments de l'honneur et du mépris : ils font appel à l'opinion des hommes. Aucun principe ne saurait être plus dangereux. Locke avait eu raison de défendre l'usage des récompenses et de dire qu'elles engendrent et entretiennent toutes les passions dans le cœur des enfants. Rousseau l'imite en cela, et se plaint que « depuis qu'on se mêle d'élever des enfants, on n'ait imaginé d'autre instrument pour les conduire que l'émulation, la jalousie, l'envie, la vanité, l'avidité, la vile crainte, toutes les passions les plus dangereuses, les plus promptes à fermenter et les plus propres à corrompre l'âme (1) » ; mais pourquoi Locke n'a-t-il pas été jusqu'au bout de son principe et a-t-il proposé

---

(1) T. VIII, p. 1'0. Rousseau allègue à ce sujet un exemple qui était déjà chez Loke : tous deux montrent combien il est imprudent de récompenser un enfant en flattant ses goûts pour la parure.

de les conduire avec le sentiment de l'honneur qui nourrit en eux l'orgueil et la vanité ?

C'est que, de même que le but de l'éducation est de faire vivre l'enfant conformément à la nature, les seuls ressorts dont elle doit user sont ceux que fournit la nature. Elle se charge de punir ceux qui manquent à ses ordonnances. Laissons-la faire, et ne joignons ni nos ordonnances ni nos punitions aux siennes. « Maintenez l'enfant, nous dit Rousseau, dans la seule dépendance des choses, vous aurez suivi l'ordre de la nature dans le progrès de son éducation. N'offrez jamais à ses volontés indiscrètes que des obstacles physiques ou des punitions qui naissent des actions mêmes, et qu'il se rappelle dans l'occasion » (1). Ou encore : « Ne donnez à votre élève aucune espèce de leçons verbales ; il n'en doit recevoir que de l'expérience ; ne lui infligez aucune espèce de châtiment ; car il ne sait ce que c'est qu'être en faute (2). Un enfant brise les vitres de sa chambre ; n'allez pas le réprimander, sa punition sera de s'enrhumer. S'il ment, ne le frappez pas, ne l'accablez pas de votre mépris, ne jouez pas la stupéfaction comme le voulait Locke ; laissez-lui seulement supporter les conséquences naturelles de son mensonge. Voilà, pense Rousseau, la base véritable de l'éducation naturelle ; Montaigne et Locke n'ont fait que l'entrevoir.

Et de même Montaigne et Locke ont très bien

---

(1) T. VIII, p. 107.
(2) T. VIII, p. 121.

reconnu que l'instruction doit se subordonner à l'éducation morale. Dès 1740 Rousseau leur donnait raison sur ce point. Mais faute d'étudier suffisamment la nature ils ne sont pas allés assez loin dans cette voie. Ils ont bien vu que l'homme n'a que faire de la plupart des sciences qu'on lui enseigne, qu'elles ne servent de rien à son bonheur, que son bonheur dépend au contraire de ses sentiments, du calme de ses passions, de l'état de son cœur. Ils ont prouvé par là qu'ils connaissaient mieux que leurs devanciers la nature humaine. Mais s'ils avaient été plus perspicaces encore, ils auraient reconnu que la part de l'instruction doit être plus réduite qu'ils ne l'ont voulue, différée beaucoup plus tard, jusqu'à la douzième année, qu'au-dessous de cet âge l'esprit de l'enfant n'est pas capable de la recevoir. Et Rousseau pose avec une autorité impérieuse la conception personnelle qu'il se fait de la nature enfantine. Jusqu'à la douzième année le corps seul est susceptible d'être cultivé avec profit (1). Alors commence le temps de la première instruction intellectuelle. Plus tard, après quinze ans, viendront l'enseignement moral, l'enseignement religieux et le complément de la culture de l'esprit. Modifier cet ordre, parler de Dieu avant l'adolescence ou faire lire les *Vies* de Plutarque à un enfant de dix ans, c'est bouleverser l'ordre de la nature et transgresser ses volontés. Rousseau prétend tirer cette méthode de la seule

---

(1) T. VIII, p. 240.

observation des faits, et rien, effectivement, n'est plus conforme à la nature que de proportionner l'enseignement aux facultés de l'enfant, de le subordonner à leur développement et de l'y adapter. Toutefois si Rousseau se sépare ici de Montaigne et de Locke, peut-être le fait-il moins par l'affirmation de ce principe que l'éducation doit être progressive, que par l'interprétation personnelle qu'il en donne.

Quant à la méthode à suivre pour mettre en pratique ses théories, comme Montaigne et Locke, il est adversaire de l'éducation publique. L'idée d'une maison commune dans laquelle on élèverait un grand nombre d'enfants lui paraît absurde. Déjà en 1740 il tenait pour l'éducation privée. Il nous a dit son mépris pour les collèges, en 1750, dans le *Discours sur les sciences et les arts* (1), et encore à diverses reprises après cette date. Là, il en empruntait presque toujours l'expression à Montaigne. Maintenant il parle de « ces risibles établissements qu'on appelle collèges » (2). Il se moque de la manière dont on y entend l'enseignement de la rhétorique (3) leur reproche, comme Locke l'avait déjà fait d'ailleurs, d'habituer les enfants au vice (4). Les heures de récréation, dit-il, y sont plus profitables que les heures de classe (5).

(1) Voir ci-dessus p. 131, 140 et 144.
(2) T. VIII, p. 16.
(3) T. VIII, p. 152.
(4) T. IX, p. 147.
(5) T. VIII, p. 191 ; voir aussi t. IX, p. 212, *Nouvelle Héloïse V*, III, t. VII, p. 241.

Comme ses devanciers il confie l'éducation de l'enfant à un gouverneur. Comme eux, il veut que le gouverneur consacre tous ses soins à son disciple. Comme eux il réclame pour cet office un homme doué des plus belles qualités du cœur et de l'esprit. Locke était d'avis qu'on ne fût pas épargnant en son endroit et qu'on le payât fort cher (1). Rousseau le met à si haut prix qu'il ne veut pas qu'on le rétribue. Il doit élever son disciple par dévouement. Son office ne saurait être vénal. « Il y a des métiers si nobles qu'on ne peut les faire pour de l'argent sans se montrer indigne de les faire, tel est celui de l'homme de guerre, tel est celui de l'instituteur (2). Tous les trois, au reste, sont d'accord pour donner à ce gouverneur une autorité sans partage, une autorité qu'aucune influence étrangère ne vient limiter. Emile peut honorer ses parents, dit Rousseau, « il ne doit obéir qu'à moi », c'est la première condition (3). Nos trois gouverneurs, au reste, tâcheront d'être plutôt les amis de leurs disciples que leurs maîtres. Cela n'ira pas sans quelques différences de détail : celui de Locke se fera d'abord craindre et respecter, et c'est plus tard seulement, quand la raison viendra, que, peu à peu, il se fera le compagnon de son élève ; le gouverneur de Rousseau devra toujours, même au début, faire aussi peu d'usage que possible de son autorité. La tendance n'en est pas moins de

(1) Chap. IX, par. 99.
(2) T. VIII, p. 35.
(3) T. VIII, p. 42.

part et d'autre très nettement la même. Voyons maintenant comment s'exercera cette amicale direction. Les enseignements se succèdent chez Rousseau sans se mêler. Ce n'est pas à dire que chacun d'eux n'empiète pas sur le temps qui est réservé aux autres. Nous suivrons pourtant à peu près l'enfant de sa naissance à sa vingtième année en examinant successivement les idées de Rousseau sur l'enseignement physique, sur l'enseignement intellectuel, et sur l'enseignement moral.

CHAPITRE IV

La Culture Physique

Il est à peine besoin de dire que Rousseau, l'ami de la nature, partage les idées de Montaigne et de Locke sur la nécessité d'aguerrir le corps et d'élever les enfants à la dure, comme de petits paysans. Il va même plus loin qu'eux en ce sens, puisqu'il exige le séjour à la campagne et puisque les premières années d'Emile sont consacrées presque exclusivement au développement physique. L'idéal de l'éducation antique qui voulait donner à l'enfant une âme saine dans un corps sain hante sa pensée comme elle hantait la pensée de Montaigne et celle de Locke, et, comme Montaigne, il veut unir « la raison d'un sage au corps d'un athlète » (1).

La première des raisons qu'il allègue pour élever les enfants sans délicatesse est qu'une éducation molle est antinaturelle (2). Celle-là lui appartient en propre et découle de ses principes. Mais il en a d'autres qui lui sont communes avec Montaigne.

---

(1) T. VIII, p. 180.
(2) T. VIII, p. 129.

Il s'agit d'endurcir le corps à la douleur, et, par le corps, de roidir l'âme contre les accidents de toutes sortes. « Ce qui ne souffre point d'exception, dit-il, est l'assujettissement de l'homme à la douleur, aux maux de son espèce, aux accidents, aux périls de la vie, à la mort : plus on le familiarisera avec toutes ces idées, plus on le guérira de l'importune sensibilité qui ajoute au mal l'impatience de l'endurer, plus on l'apprivoisera avec les souffrances qui peuvent l'atteindre, plus on leur ôtera, comme dit Montaigne, la pointure de l'estrangeté, et plus aussi on rendra son âme invulnérable et dure. « Son corps sera la cuirasse qui rebouchera tous les traits dont il pourrait être atteint au vif. Les approches mêmes de la mort n'étant point la mort, à peine la sentira t-il comme telle ; il ne mourra pas, pour ainsi dire, il sera vivant ou mort, rien de plus. C'est de lui que le même Montaigne eût pu dire, comme il a dit d'un roi de Maroc, que nul homme n'a vécu si avant dans la mort (1). » Et encore : « Tous ceux qui ont réfléchi sur la manière de vivre des anciens attribuent aux exercices de la gymnastique cette vigueur de corps et d'âme qui les distingue le plus sensiblement des modernes. La manière dont Montaigne appuie ce sentiment montre qu'il en était fortement pénétré; il y revient sans cesse et de mille façons. En parlant de l'éducation d'un enfant, « pour lui

---

(1) T. VIII, p. 204.

roidir l'âme, il faut, dit-il, lui durcir les muscles ; en l'accoutumant au travail on l'accoutume à la douleur. Il le faut rompre à l'âpreté des exercices pour le dresser à l'âpreté de la dislocation, de la colique et de tous les maux » (1). Ces mentions et citations de Montaigne nous prouvent l'influence des *Essais* sur le développement de semblables idées. Est-ce Rousseau ou bien Montaigne, qui nous dit : « Armons toujours l'homme contre les accidents imprévus. Qu'Emile coure les matins à pieds nus, en toute saison, par la chambre, par l'escalier, par le jardin. (2) »

Ne s'est-il pas encore, sans le nommer, souvenu de Montaigne quand il a écrit : « Sans doute il faut s'assujettir aux règles, mais la première est de pouvoir les enfreindre sans risque quand la nécessité le veut. N'allez donc pas amollir indiscrètement votre élève dans la continuité d'un paisible sommeil qui ne soit jamais interrompu. Livrez-le d'abord sans gêne à la loi de la nature ; mais n'oubliez pas que parmi nous il doit être au dessus de cette loi ; il doit pouvoir se coucher tard, se lever matin, être éveillé brusquement, passer les nuits debout sans en être incommodé. » (3) Et encore : « En toute chose ne lui donnons point une forme si déterminée qu'il lui en coûte trop d'en changer au besoin. Ne faisons pas qu'il meure de faim dans d'autres pays

(1) T. VIII, p. 193.
(2) T. VIII, p. 222.
(3) T. VIII, p. 201.

s'il ne traîne partout à sa suite un cuisinier français, ni qu'il dise un jour qu'on ne sait manger qu'en France » (1). Nous avons vu quelle importance Montaigne attachait à ce précepte (2). Il s'accommodait aux cuisines de toutes les nations comme à leurs « humeurs » (3), et voulait que son disciple en pût faire autant. Locke avait repris la même recommandation, et nous avons constaté (4) qu'avant Rousseau il a conseillé de changer souvent pour l'enfant les dispositions de son lit, afin qu'il ne fût assujetti à aucune.

Comme Montaigne aussi Rousseau fait une grande place aux jeux et aux exercices de toutes sortes. Lui reproche-t-on d'y trop sacrifier ? Il se rappelle l'avis de Montaigne : « Vous êtes alarmé de voir un enfant consumer ses premières années à ne rien faire !... De sa vie il ne sera si occupé. Platon, dans sa République, qu'on croit si austère, n'élève les enfants qu'en fêtes, jeux, chansons, passe-temps, on dirait qu'il a tout fait quand il leur a bien appris à se réjouir ; et Sénèque parlant de l'ancienne noblesse romaine ; elle était, dit-il, toujours debout, on ne lui enseignait rien qu'elle dût apprendre assise. » (5) Or ces deux autorités de Platon et de

---

(1) T. VIII, p. 249.
(2) Voir ci-dessus p. 50.
(3) Essai III, 9, passim et *Journal de Voyage*, passim.
(4) Voir ci-dessus p. 50.
(5) T. VIII, p. 153. Rapprocher MONTAIGNE, 1, 26, éd. de Bordeaux, p. 215. et II, 21.

Sénèque avaient été déjà alléguées par Montaigne, et Rousseau ne l'ignore pas ?

On sait le peu de crédit que Montaigne accordait à la médecine. Les maladies, à ses yeux, doivent suivre leur cours naturel et il est imprudent de le troubler par nos artifices. On risque par là d'exaspérer le mal. C'est de la seule nature qu'il faut attendre le remède. Tout médecin qu'il était, Locke n'était pas opposé à cette pratique. Il craignait l'abus des médicaments. « Lorsqu'un enfant a une petite incommodité, dit-il, il ne faut pas se hâter de lui donner des remèdes, ou d'appeler le médecin, surtout si c'est un homme qui aime à se donner du mouvement, qui d'abord couvre toutes les fenêtres de fioles, et remplit de médecines l'estomac de ses malades. En ce cas-là il est plus sûr de laisser entièrement les enfants à la conduite de la nature que de les confier à un médecin, qui ne songe qu'à les charger de remèdes... Je crois que les enfants dont la complexion est si délicate ne doivent être médecinés que le moins qu'il est possible, et dans une absolue nécessité (1) ». Rousseau a vu là une forme de naturalisme. Il ne pouvait pas manquer d'en être séduit. L'homme de la nature n'a pas de médecin. Il n'a pas besoin d'en avoir. Sa mère nature le guérit. « Faute de savoir se guérir, que l'enfant sache être malade, cet art supplée à l'autre, et souvent réussit beaucoup mieux, c'est

---

(1) Ch. I, par. 30.

l'art de la nature. Quand l'animal est malade, il souffre en silence et se tient coi : or on ne voit pas plus d'animaux languissants que d'hommes. Combien l'impatience, la crainte, l'inquiétude, et surtout les remèdes, ont tué de gens que leur maladie aurait épargnés, et que le temps seul aurait guéris ! On me dira que les animaux, vivant d'une manière plus conforme à la nature, doivent être sujets à moins de maux que nous. Hé bien ! cette manière de vivre est précisément celle que je veux donner à mon élève ; il en doit donc tirer le même profit (1) ». Rousseau n'appelle jamais de médecin pour lui-même, il n'en appellera donc pour son élève, que si sa vie se trouve dans un danger imminent. « Je sais bien ajoute-t-il, que le médecin ne manquera pas de tirer avantage de ce délai. Si l'enfant meurt, on l'aura appelé trop tard, s'il réchappe, ce sera lui qui l'aura sauvé (2) ». Montaigne avait dit dans le même sens : « Ils ont une façon bien avantageuse de se servir de toutes sortes d'évènements, car ce que la fortune, ce que la nature ou quelque autre cause estrangiere (desquelles le nombre est infiny) produit en nous de bon et de salutaire, c'est le privilège de la médecine de se l'attribuer. Tous les heureux succez qui arrivent au patient qui est soubs son régime, c'est d'elle qu'il les tient... Et quant aux mauvais

---

(1) T. VIII, p. 47.
(2) T. VIII, p. 47.

accidens ou ils les désavouent tout à fait, en attribuant la coulpe au patient par des raisons si vaines qu'ils n'ont garde de faillir d'en trouver toujours assez grand nombre... ou, s'il leur plaît, ils se servent encore de cet empirement, et en font leurs affaires par cet autre moyen qui ne leur peut jamais faillir, c'est de nous payer, lorsque la maladie se trouve rechauffée par leur application, de l'assurance qu'ils nous donnent qu'elle seroit bien autrement empirée sans leurs remèdes » (1).

Et non seulement la médecine aggrave trop souvent nos maladies, elle a l'inconvénient plus grand encore de nous les rendre plus sensibles en troublant nos imaginations. « C'est la connaissance des dangers qui nous les fait craindre... Voulez-vous trouver des hommes d'un vrai courage? Cherchez-les dans les lieux où il n'y a point de médecins, où l'on ignore les conséquences des maladies, et où l'on ne songe guère à la mort. Naturellement l'homme sait souffrir constamment et meurt en paix. Ce sont les médecins avec leurs ordonnances, les philosophes avec leurs recettes, les prêtres avec leurs exhortations, qui l'avilissent de cœur et lui font désapprendre à mourir (2) ». Il dit encore: « Nous nous donnons plus de tourment pour guérir nos maladies, que nous n'en aurions à les supporter. Vis selon la nature, sois patient, et

(1) II, 37, éd. de Bordeaux, p. 589.
(2) T. VIII, p. 46.

chasse les médecins, tu n'éviteras pas la mort, mais tu ne la sentiras qu'une fois, tandis qu'ils la portent chaque jour dans ton imagination troublée, et que leur art mensonger, au lieu de prolonger tes jours, t'en ôte la jouissance. Je demanderai toujours quel vrai bien cet art a fait aux hommes. Quelques-uns de ceux qu'il guérit mourraient, il est vrai, mais des millions qu'il tue resteraient en vie. Homme sensé, ne mets point à cette loterie où trop de chances sont contre toi. Souffre, meurs ou guéris, mais surtout vis jusqu'à ta dernière heure (1) ». On pourrait rapprocher de ceci beaucoup de passages de Montaigne, car ces idées lui sont tout à fait familières. Il avait dit que se livrer aux médecins était une entreprise très hasardeuse où le risque de perdre était grand. « Si encor nous estions asseurez, quand ils se mescontent, qu'il ne nous nuisist pas, s'il ne nous profite, ce seroit une bien raisonnable composition, de se hazarder d'acquerir du bien sans se mettre en danger de perte... (2) ». Il avait montré tous les troubles que la connaissance des maladies et le souci de les guérir portent dans les imaginations. L'essai de la physionomie. (3), est rempli de cette idée. Il dit encore ailleurs : « Combien en a rendu de malades la seule force de l'imagination ! Nous en voyons ordinairement se faire seigner, purger et medeciner pour guérir des maux qu'ils ne sentent

(1) T. VIII, p. 190.
(2) II, 37, éd. de Bordeaux, p. 598.
(3) III, 12.

qu'en leurs discours. Lors que les vrais maux nous faillent, la science nous preste les siens. Comparés la vie d'un homme asservy à telles imaginations à celles d'un laboureur se laissant aller après son appetit naturel, mesurant les choses au seul sentiment present, sans science et sans prognostique, qui n'a du mal que lors qu'il l'a, où l'autre a souvent la pierre en l'ame avant qu'il l'ait aux reins : comme s'il n'estoit pas assez à temps pour souffrir le mal lors qu'il y sera, ils l'anticipent par fantaisie, et lui courent au devant (1) ». Il avait longuement exposé tout le désordre apporté aux habitants de Lahontan par le premier notaire et par le premier médecin qui s'établirent chez eux. Le médecin surtout avait causé leur malheur en leur enseignant à être malades et en abâtardissant leurs courages. « Ils jurent... que, depuis l'usage de cette medecine, ils se trouvent accablés d'une legion de maladies inaccoutumées, et qu'ils apperçoivent un general deschet en leur ancienne vigueur, et leurs vies de moitié raccourcies (2) ».

En ce qui concerne la médecine et les médecins, Rousseau pensait sans doute que le dernier mot de la sagesse avait été prononcé par Montaigne. « Nous nous perdons d'impatience, » avait-il dit, « les maux ont leur vie et leurs bornes, leurs maladies et leur santé. La constitution des maladies est formée au

---

(1) II, 12, éd. de Bordeaux, p. 210.
(2) II, 37, éd. de Bordeaux, p. 002.

patron de la constitution des animaux ; elles ont leur fortune limitée dans leur naissance, et leurs jours. Qui essaye de les abreger imperieusement, par force, au travers de leur course, il les allonge et multiplie, et les harselle au lieu de les appaiser... Il leur faut donner passage... Laissons faire un peu à nature, elle entend mieux ses affaires que nous » (1). « Laissons un peu faire : l'ordre qui pourvoit aus puces et aus taupes, pourvoit aussi aus hommes qui ont la patience pareille à se laisser gouverner que les puces et les taupes. Nous avons beau crier bihore, c'est bien pour nous enrouer, mais non pour l'avancer. C'est un ordre superbe et impiteux. Notre crainte, nostre desespoir le desgoutent et retardent de nostre ayde, au lieu de l'y convier ; il doit au mal son cours comme à la santé » (2). Ce qui est intéressant à noter ici ce n'est pas que Montaigne et Rousseau s'accordent à faire fi de la médecine, c'est qu'ils en font fi l'un et l'autre en vertu des mêmes principes, par respect pour l'ordre naturel, par confiance en elle, par mépris pour toutes les inventions humaines, par conviction qu'elles apportent partout plus de trouble et de malheur qu'elles ne peuvent procurer de remèdes. Montaigne n'a pas dit dans son essai *De l'Institution des Enfants* que son élève n'aurait affaire au médecin qu'à la dernière extrémité. Défendre à Emile de l'appeler à moins d'un cas

---

(1) III, 13, éd. de Jouaust, t. VII, p. 43.
(2) II, 37, éd. de Bordeaux, p. 588.

exceptionnellement grave, ce n'en était pas moins se conformer aux idées de Montaigne.

Mais pour tout ce qui concerne la culture du corps c'est de Locke que Rousseau s'inspire plus encore que de Montaigne. Tout en acceptant les mêmes principes, Locke, nous l'avons vu, avait complété et précisé les indications trop générales de son devancier. Rousseau nous renvoie à son ouvrage. « Comme on ne peut là-dessus donner de meilleures raisons ni des règles plus sensées que celles qu'on trouve dans le livre de Locke, je me contenterai d'y renvoyer, après avoir pris la liberté d'ajouter quelques observations aux siennes (1) »

Il est vrai que Rousseau contredit Locke sur quelques points. « Locke, au milieu des préceptes mâles et sensés qu'il nous donne, retombe dans des contradictions qu'on n'attendrait pas d'un raisonneur aussi exact. Ce même homme qui veut que les enfants se baignent les pieds dans l'eau glacée, ne veut pas, quand ils sont échauffés, qu'ils boivent frais, ni qu'ils se couchent par terre dans des endroits humides... Pour empêcher les enfants de boire quand ils ont chaud, il prescrit de les accoutumer à manger préalablement un morceau de pain avant que de boire. Cela est bien étrange que, quand l'enfant a soif, il faille lui donner à manger ; j'aimerais mieux, quand il a faim, lui donner à boire. Jamais on ne me persuadera que nos

(1) T. VII, p. 194.

premiers appétits soient si déréglés qu'on ne puisse les satisfaire sans nous exposer à périr. Si cela était, le genre humain se fût cent fois détruit avant qu'on eût appris ce qu'il faut faire pour le conserver. Toutes les fois qu'Emile aura soif, je veux qu'on lui donne à boire » (1). Locke apportait des adoucissements à la règle d'élever les enfants sans les entourer de précautions. Sa rigoureuse logique défend à Rousseau d'y souscrire. Un désir naturel, comme de boire froid quand on a chaud, ne saurait être mauvais, et tout ce qui se fait dans l'état de nature, Emile doit pouvoir le faire. Suivre Locke, ce serait se défier de la nature. En raison de ses principes encore, contrairement à l'avis de Montaigne et de Locke (2), il lui arrivera d'éveiller brusquement son disciple afin de l'habituer à tout (3).

Malgré ces divergences, la plupart des observations qu'il dit ajouter à Locke sont encore inspirées par lui. Les détails qu'il donne sur les vêtements qui conviennent à l'enfance sont commandés par cette observation que « les membres d'un corps qui croît doivent être tous au large dans leurs vêtement » (4). Or Locke avait développé longuement cette idée (5). Avant Rousseau il avait protesté énergiquement contre les maillots des nouveau-

---

(1) T. VIII, p. 198 ; voir Locke, ch. II, par. 14.
(2) Voir ci-dessus p. 31.
(3) T. VIII, p. 202.
(4) T. VIII, p. 194.
(5) Par. 12 et 13.

nés (1), et contre les habits trop étroits des enfants. Il voulait lui aussi qu'on laissât la nature agir librement : « Laissons à la nature le soin de façonner le corps comme elle le trouve à propos. Elle agit avec trop d'exactitude pour que nous puissions la diriger. »

Locke était encore d'avis de ne pas prendre de précautions contre l'hiver. Il remarquait qu'il y a bien des gens en Angleterre qui portent, en hiver, les mêmes habits qu'en été sans en souffrir aucun inconvénient, ni être plus sensibles au froid que les autres hommes (2) ». Coste ajoutait que c'était l'usage de Newton. Rousseau s'est souvenu de la note du traducteur aussi bien que du précepte de l'auteur. « Je conseillerais, dit-il,... de ne point changer d'habits selon les saisons, et ce sera la pratique constante de mon Émile, en quoi je n'entends pas qu'il porte l'été ses habits d'hiver, comme les gens sédentaires, mais qu'il porte l'hiver ses habits d'été, comme les gens laborieux. Ce dernier usage a été celui du chevalier Newton pendant toute sa vie, et il a vécu quatre-vingts ans (3) ».

Locke avait déjà conseillé de peu couvrir la tête des enfants (4). Rousseau ne se sépare guère de sa manière de voir quand il écrit : « Accoutumez vos

---

(1) Comparer Locke, par. 12, et Rousseau, t. VIII, p. 20 et 58.
(2) Ch. I, par. 6.
(3) T. VIII, p. 196.
(4) Ch. I, par. 6.

enfants à demeurer été et hiver, jour et nuit, toujours tête nue. Que si pour la propreté et pour tenir leurs cheveux en ordre, vous leur voulez donner une coiffure durant la nuit, que ce soit un bonnet mince à claire voie, et semblable au réseau dans lequel les Basques enveloppent leurs cheveux (1) ».

En ce qui concerne le sommeil, il sont encore généralement d'accord. Sans doute Rousseau, avocat de la vie de nature, ajoute à Locke le conseil de faire coucher et lever l'enfant avec le soleil, mais sur les autres points il ne fait guère que reprendre les préceptes de son devancier. Ici même l'identité de quelques termes est à noter. « Il importe, dit Rousseau, de s'accoutumer d'abord à être mal couché ; c'est le moyen de ne plus trouver de mauvais lits... Les gens élevés trop délicatement ne trouvent plus le sommeil que sur le duvet ; les gens accoutumés à dormir sur les planches le trouvent partout : il n'y a point de lit dur pour qui s'endort en se couchant. Un lit mollet, où l'on s'ensevelit dans la plume ou dans l'édredon, fond et dissout le corps pour ainsi dire. Les reins enveloppés trop chaudement s'échauffent. De là résulte souvent la pierre ou d'autres incommodités, et infailliblement

---

(1) T. VIII, p. 197. Rapprocher sur ce même sujet l'essai de Montaigne intitulé : *De l'usage de se vestir* (I, 36). Montaigne, qui est tout à fait d'accord avec Locke et Rousseau en ce qui concerne les coiffures aussi bien que les vêtements, y rappelle la prétendue observation faite par Hérodote sur les crânes des Egyptiens et des Perses, que Rousseau reproduit dans ce passage.

une complexion délicate qui les nourrit toutes (1).

Locke avait dit : « Il faut que les enfants soient couchés durement, sur des matelas plutôt que sur des lits de plume. Un lit dur fortifie les membres : au contraire un lit mollet où l'on s'ensevelit chaque nuit dans la plume, froisse et dissout, pour ainsi dire, tout le corps ; ce qui cause souvent des faiblesses et est comme l'avant-coureur d'une mort prématurée. Outre la pierre qui vient souvent de ce que les reins sont enveloppés trop chaudement, les lits de duvet causent plusieurs autres incommodités, et, ce qui les produit toutes, une complexion délicate et valétudinaire. D'ailleurs, celui qui est une fois accoutumé à coucher durement chez lui, ne perdra pas le sommeil faute d'un lit mou et d'un oreiller bien placé, durant ses voyages que le dormir lui est le plus nécessaire (2) ».

Tous deux recommandent que l'enfant dorme longuement (3). Tous deux conseillent l'usage de l'eau froide (4). Rousseau ajoute seulement qu'il sera bon d'y venir progressivement, en prenant des bains de moins en moins chauds. Tous deux exercent leur disciple à la nage (5). « Émile sera dans l'eau comme sur la terre ».

---

(1) T. VIII, p. 204.
(2) Ch. I, par. 23.
(3) Locke, ch. I, par. 21 ; Rousseau, t. VIII, p. 200.
(4) Locke, ch. I, par. 8 ; Rousseau, t. VIII, p. 57.
(5) Locke, ch. I, par. 9 ; Rousseau, t. VIII, p. 206.

Cependant, pour réduire à leur juste valeur ces souvenirs de Locke que nous retrouvons chez Rousseau, et ne pas en exagérer l'importance, il est à propos de faire deux remarques. La première est que, au temps de Rousseau, grâce en partie à Montaigne et à Locke, ces idées sur la culture physique des enfants étaient très communément reçues, presque banales. Après nous avoir cité une phrase de Montaigne qui recommande de « durcir les muscles » des enfants, Rousseau ajoute : « Le sage Locke, le bon Rollin, le savant Fleury, le pédant de Crouzas, si différents entre eux dans tout le reste, s'accordent tous en ce seul point d'exercer beaucoup les corps des enfants. C'est le plus judicieux de leurs préceptes ; c'est celui qui est et sera toujours le plus négligé (1). Répéter les idées de Locke en cette matière c'était donc répéter les idées de tout le monde ou à peu près.

Ma seconde remarque est que, à côté de ces réflexions empruntées à Montaigne et à Locke, il y a chez Rousseau, sur ce même sujet de la culture physique, des idées qui ne leur doivent rien du tout. Je veux parler principalement de tout ce qui concerne l'éducation des sens. Il désire que le toucher d'Emile s'affine comme celui d'un aveugle, que son coup d'œil soit juste et rapide, que son odorat soit subtil comme celui de l'homme des bois. Ici ses maîtres sont ses chers sauvages, c'est encore

---

(1) T. VIII, p. 193.

Buffon ; je reconnais aussi quelques réminiscences directes de la *Lettre de Diderot sur les Aveugles*. Mais tout cela est néanmoins assez neuf, et en tout cas c'est la première fois, je crois, que ces idées sont mises à profit dans un traité de pédagogie.

CHAPITRE V

L'Enseignement Intellectuel et Pratique

C'est le souci de développer intégralement la nature de l'enfant qui a conduit Rousseau à compléter les remarques de Montaigne et de Locke sur la culture physique. Sans une éducation méthodique des sens leur développement resterait incomplet. La conception qu'il se fait de la nature de l'enfant va l'obliger encore à se séparer d'eux en ce qui concerne la préparation intellectuelle et pratique. Cette fois c'est le principe de l'éducation progressive qui intervient.

Pour Montaigne, avons nous dit, la culture de l'esprit devait se faire au moyen des idées morales. La formation intellectuelle allait de pair avec la formation des mœurs. Le gouverneur devait attirer l'attention de l'enfant sur les actions les plus familières, les lui faire examiner et « contreroller » aussi bien dans les livres d'histoire que dans les voyages ou dans le commerce de la vie quotidienne, en raisonner avec lui, le faire raisonner lui-même à leur sujet. Il estime qu'un pareil enseignement convient à la plus tendre enfance. « Puis que la philosophie est celle qui nous instruict à vivre, et que l'enfant y a sa leçon comme les autres aages, pourquoy ne la luy communique l'on ?... On nous aprent à vivre quand la vie est passée..... Prenez les simples discours de la philosophie, sçachez les choisir et traitter à point, ils sont plus aisez à concevoir qu'un conte de Boccace. Un enfant en est capable, au partir de la nourrisse, beaucoup mieux que d'aprendre à lire ou escrire. La philosophie a des discours pour la naissance des hommes, comme pour la decrepitude (1) ». Nous avons vu que Locke avait accepté cette méthode. Son disciple était conduit très jeune dans des compagnies variées pour y observer les mœurs des hommes. Ses parents proposaient à sa méditation de petits problèmes pratiques.

Rousseau qui, en 1740, partageait ces idées, déclare maintenant que l'enfant est incapable d'aucune réflexion. S'adresser à la raison de l'enfant, c'est perdre le temps. Pis que cela, c'est encombrer son cerveau d'idées fausses. Rousseau entre donc en contradiction formelle avec Locke. « Raisonner avec les enfants, dit-il, était la grande maxime de Locke ; c'est la plus en vogue aujourd'hui : son succès ne me paraît pourtant pas fort propre à la mettre en crédit, et pour moi je ne vois

---

(1) I, 26, éd. de Bordeaux, p. 211.

rien de plus sot que ces enfants avec qui l'on a tant raisonné. De toutes les facultés de l'homme, la raison, qui n'est, pour ainsi dire, qu'un composé de toutes les autres, est celle qui se développe le plus difficilement et le plus tard, et c'est de celle-là qu'on veut se servir pour développer les premières! Le chef-d'œuvre d'une bonne éducation est de faire un homme raisonnable ; et l'on prétend élever un enfant par la raison ! C'est commencer par la fin c'est vouloir faire l'instrument de l'ouvrage » (1). N'accusez pas Rousseau de fantaisie, il vous répondra qu'il obéit à la nature. La nature veut que les enfants soient enfants avant que d'être hommes. Si nous voulons pervertir cet ordre, nous produirons des fruits précoces qui n'auront ni maturité ni saveur, et ne tarderont pas à se corrompre ; nous aurons de jeunes docteurs (2) et de vieux enfants. L'enfance a des manières de voir, de penser, de sentir, qui lui sont propres ; rien n'est moins sensé que d'y vouloir substituer les nôtres ; et j'aimerais autant exiger qu'un enfant eût cinq pieds de haut, que du jugement à dix ans. En effet, à quoi lui servirait la raison à cet âge ? Elle est le frein de la force, et l'enfant n'a pas besoin de ce frein (3). Et Rousseau, qui se rit des petits prodiges, croit que l'enfant

---

(1) T. VIII, p. 115. Rapprocher *Nouvelle Héloïse* V, III, t. VII, p. 239.

(2) Montaigne avait parlé de ces enfants qui représentent les docteurs à dix ans. (III, 11, éd. Jouaust, t. VI, p. 259).

(3) T. VIII, p. 117.

emmagasine bien des mots et des images, mais point d'idées, qu'il a de la mémoire, mais non de la réflexion ; et lui interdit les langues et l'histoire, si fort préconisées par Montaigne, aussi bien que les fables recommandées par Locke (1).

D'ailleurs, quand les idées viendront, ce ne seront pas des idées morales. Ce n'est donc pas au moyen des idées morales qu'il conviendra tout d'abord de former l'intelligence d'Émile. « Avant l'âge de raison l'on ne saurait avoir aucune idée des êtres moraux ni des relations sociales, il faut donc éviter, autant qu'il se peut, d'employer des mots qui les expriment, de peur que l'enfant n'attache d'abord à ces mots de fausses idées qu'on ne saura point ou qu'on ne pourra plus détruire. La première fausse idée qui entre dans sa tête est en lui le genre de l'erreur et du vice ; c'est à ce premier pas qu'il faut surtout faire attention. Faites que, tant qu'il n'est frappé que des choses sensibles, toutes ses idées s'arrêtent aux sensations ; faites que de toutes parts il n'aperçoive autour de lui que le monde physique ; sans quoi soyez sûr qu'il ne vous écoutera point du tout, ou qu'il se fera du monde moral, dont vous lui parlez, des notions fantastiques, que vous n'effacerez de la vie (2). » Quand les forces seront venues, et avec elles la curiosité, vers douze ans, c'est donc à l'étude de la physique que nous appliquerons

---

(1) T. VIII, p. 150-173.
(2) T. VIII, p. 115.

d'abord Emile, à l'observation des choses qui frappent l'homme de la nature les premières. Il ne faudra pas s'écarter des phénomènes sensibles. « Remarquez que ce n'est pas moi, nous dit Rousseau, qui fais arbitrairement ce choix, c'est la nature elle-même qui l'indique (1). Ma méthode est fondée sur la mesure des facultés de l'homme à ses différents âges et sur le choix des occupations qui conviennent à ses facultés (2). » L'étude de la morale ne doit venir que plus tard (3).

Ainsi, tant sur l'âge de la première instruction que sur sa matière la conception que Rousseau se fait de la nature lui défend d'accepter les idées de Montaigne et de Locke. Il veut, comme eux, que l'éducation soit essentiellement utilitaire. Son utilitarisme se rencontre avec le leur en ce qu'il lui fait condamner à peu près les mêmes études : la logique, la dialectique, la rhétorique (4). Avec eux il estime que presque tout ce qu'on enseigne habituellement aux enfants est perdu pour eux : « Parmi les diverses sciences qu'ils se vantent de leur enseigner, ils se gardent bien de choisir celles qui leur seraient véritablement utiles, parce que ce seraient des sciences de choses, et qu'ils n'y réussiraient pas ;

---

(1) T. VIII, p. 276.
(2) T. VIII, p. 332.
(3) On conçoit aisément par là que Rousseau s'indigne contre Locke pour avoir voulu « qu'on commence par l'étude des esprits », c'est-à-dire par des notions métaphysiques (t. VIII, p. 460).
(4) Voir ci-dessus p. 30.

mais celles qu'on paraît savoir quand on en sait les termes, le blason, la géographie, la chronologie, les langues, etc., toutes études si loin de l'homme, et surtout de l'enfant, que c'est une merveille si rien de tout cela lui peut être utile une seule fois en sa vie (1) ». Son amour de la vie naturelle change pourtant un peu le point de vue pour Rousseau : pour l'homme de la nature, qui vit hors de la société, ce qui est utile, ce sont les arts dont Robinson Crusoé tirait profit dans son île, non les connaissances qui rendent un gentilhomme agréable à ses pareils. Puis il a compris le principe d'utilité dans un sens plus étroit que ses devanciers. Montaigne et Locke voulaient ne donner à l'enfant que des connaissances qui pussent lui servir quelque jour. Rousseau prétend ne rien lui conseiller dont il ne sente l'utilité immédiate. Il faut que l'utilité en soit « sensible à leur âge et à la portée de leurs lumières ». « A quoi cela est-il bon ? Voilà désormais le mot sacré, le mot déterminant entre lui et moi dans toutes les actions de notre vie. » (2). Et comme Rousseau a admis que l'enfant ne sent pas l'utilité des rapports moraux et sociaux, qu'il est un être tout physique » (3), la conséquence de son principe se tire d'elle-même. Pour apprendre à lire à l'enfant Locke se servait d'un jeu de dés. Le plaisir présent préparait un profit à venir. Rousseau proteste :

(1) T. VIII, p. 157.
(2) T. VIII, p. 302 et 304.
(3) T. VIII, p. 322, et t. IX, p. 222.

quelle pitié ! « Adressez à Émile des billets d'invitation pour des fêtes qui le passionnent. L'intérêt présent l'obligera de les lire ». (1).

C'est sans doute Locke qui lui a suggéré de faire apprendre à Émile un métier manuel, car, tout gentilhomme qu'il était, l'élève de Locke apprenait un métier manuel. Mais, en vertu de sa conception particulière du principe d'utilité, cet article prend dans le programme de Rousseau une signification bien différente de celle qu'il avait dans le programme de Locke. Chez Locke, le métier manuel servira surtout à distraire l'élève, à préserver sa santé, à développer son habileté. Chez Rousseau, il assurera l'indépendance de l'apprenti. Pour l'homme de la nature, pour un Robinson, la menuiserie ne serait-elle pas le plus précieux des arts ? Défiez-vous de la société, concevez-là, à la manière de Rousseau, comme essentiellement chancelante : c'est le menuisier et les artisans de son espèce qui, dans les cataclysmes, sauront le mieux se tirer d'affaire. Or Emile est un enfant de la nature, il sent l'utilité de la menuiserie plus directement qu'aucun autre. Joignez à cela qu'un métier manuel peu considéré (il ne faudrait pas qu'il fût vernisseur, brodeur ou doreur à la manière du disciple de Locke) commencera à lui révéler les rapports de la vie sociale en lui montrant à nu leur injustice et lui servira d'antidote contre les préjugés

---

(1) T. VIII, p. 174. Voir aussi *Nouvelle Héloïse* V, III, t. VII, p. 268.

de caste dont la société voudrait l'empoisonner. Voilà qui est essentiel pour qu'au milieu de la société il demeure toujours l'homme de la nature (1).

Ces différences étaient inévitables puisque Montaigne et Rousseau voulaient également que leur enseignement fût pratique, qu'il préparât à la vie. Il y a très loin des besoins pratiques de l'homme de la nature à ceux de l'homme de bonne compagnie. Mais si la matière de l'étude est autre chez Rousseau, le profit intellectuel qu'il en attend reste à peu de chose près le même. Par la méthode de son enseignement et par le fruit qu'il en veut tirer pour l'esprit de son disciple Rousseau reste près de ses devanciers.

En ce qui concerne la méthode, la grande nouveauté de Montaigne, acceptée d'ailleurs par Locke, avait été de supprimer les leçons ex professo. Tout devait se faire par conversations entre le maître et l'élève. Les lieux les plus divers en offraient le sujet. Rousseau procède de même. Il se promène avec Emile. Un coucher de soleil, une étoile qui se montre au ciel, l'embarras qu'on éprouve à s'orienter dans une forêt, tout lui fournit occasion de l'instruire. Cet enseignement sera donc très réaliste, il se posera en quelque sorte sur les objets réels. « Les choses ! les choses ! Je ne répéterai jamais assez que nous donnons trop de pouvoir aux mots : avec notre éducation babillarde, nous ne

---

(1) Comparer LOCKE, ch. XXV ; ROUSSEAU, t. VIII, p. 339-345.

faisons que des babillards ». (1) Les choses que réclame Montaigne ne sont pas les mêmes : au lieu de phénomènes physiques il voulait des exemples vivants. A cela près ils sont d'accord : « Des faits, des faits ! » aurait dit Montaigne, lui qui a écrit : on n'apprend aux enfants « qu'à parler. Le monde n'est que babil, et ne vis jamais homme qui ne die plustost plus que moins qu'il ne doit ; toutesfois la moictié de nostre aage s'en va là » (2).

Comme Montaigne, Rousseau supprime les livres aussi bien que les leçons. Montaigne n'en voulait pas parce qu'ils sont le tourment des enfants, et parce que, en les torturant, ils les dégoûtent à jamais de l'étude. La noblesse française ne rapporte des collèges, nous a-t-il dit, que la haine des livres. Il ne faisait d'exception que pour les livres d'histoire qui sont « plaisants et aisez ». Jusqu'à la quinzième année Rousseau ne laissera que Robinson Crusoé entre les mains de son élève (3). « En ôtant tous les devoirs des enfants, j'ôte les instruments de leur plus grande misère, savoir les livres. La lecture est le fléau de l'enfance, et presque la seule occupation qu'on lui sait donner... J'aimerais mieux qu'il ne sût jamais lire que d'acheter cette science au prix de tout ce qui peut la rendre utile : de quoi lui servira

---

(1) T. VIII, p. 306 et t. VIII, p. 138. Voir à ce sujet le livre III tout entier et aussi la *Nouvelle Héloïse* V, t. VII, III, p. 235.

(2) I, 26, éd. de Bordeaux, p. 218.

(3) T. VIII, p. 316.

la lecture quand on l'en aura rebuté pour jamais ? » (1) C'est la nature qui sera le « livre de l'escolier » de Montaigne (2). Cette image a séduit Rousseau. Son Émile, dit-il, ne doit avoir « point d'autre livre que le monde, » (3) ; « tout ce qui l'environne est le livre dans lequel, sans y songer, il enrichit continuellement sa mémoire, » (4) ; ce sera son seul livre, un livre qui est ouvert à tous les yeux, celui de la nature (5).

C'est que pour Rousseau le but est le même que pour Montaigne et pour Locke. Ils ne voulaient pas enseigner une science déterminée à leurs disciples, mais les mettre en état d'acquérir celle qui pourra leur plaire. « La science qu'il choisira, ayant des-ja le jugement formé, écrit Montaigne, il en viendra bien tost à bout » (6). Rousseau dit de même : « Mon objet n'est pas de lui donner la science, mais de lui apprendre à l'acquérir au besoin... (7). Et ailleurs : « Il ne s'agit point de lui enseigner les sciences, mais de lui donner du goût pour les aimer et des méthodes pour les apprendre, quand ce goût sera mieux développé. C'est là très certainement un principe fondamental de toute bonne éducation » (8).

(1) T. VIII, pp. 173 et 175.
(2) I, 26, éd. de Bordeaux, p. 204.
(3) T. VIII, p. 280.
(4) T. VIII, p. 165.
(5) T. IX, p. 98 ; voir encore t. VIII, p. 267 et aussi *Nouvelle Héloïse* V, III, t. VII, p. 266.
(6) I, 26, éd. de Bordeaux, p. 207.
(7) T. VIII, p. 364.
(8) T. VIII, p. 288 ; voir aussi p. 193.

Montaigne reprochait aux collèges de n'exercer que la mémoire de leurs élèves. Il voulait au contraire leur former le jugement. L'opposition entre la mémoire et le jugement se retrouve partout dans les essais *Du pédantisme* et *De l'Institution des enfants*. Elle en est comme le leitmotiv. « Le soing et la despence de nos peres, dit-il, ne vise qu'à nous meubler la teste de science, du jugement et de la vertu, peu de nouvelles... A la mode de quoy nous sommes instruicts, il n'est pas merveille si ny les escholliers, ny les maistres n'en deviennent pas plus habiles quoy qu'ils s'y facent plus doctes... Nous ne travaillons qu'à remplir la memoire, et laissons l'entendement et la conscience vuide (1)... Nostre charge, ce n'est que redire ce qu'on nous a dict... Que le gouverneur lui face tout passer par l'estamine. Qu'il juge du profit qu'aura fait son eleve non par le tesmoignage de sa memoire, mais de son jugement ». Montaigne compare encore les parlements qui examinent leurs officiers sur « la science » avec ceux qui les examinent sur « le sens » (2). Les mêmes antithèses sont familières à Rousseau. Il qualifie l'enfant élevé à la mode habituelle de « esclave plein de science et dépourvu de sens », et il reproche aux éducateurs de « charger sa mémoire ou de mots qu'il ne peut entendre, ou de choses qui ne lui sont bonnes à rien » au lieu de

---

(1) I, 25, éd. de Bordeaux, p. 175.
(2) I, 25, éd. de Bordeaux, p. 180.

lui apprendre à « savoir vivre et se rendre heureux » (1). Il affirme qu'au contraire son élève à lui « a moins de mémoire que de jugement » (2). Il dira encore : « Celui qui voit bien l'ordre du tout voit la place où doit être chaque partie, et qui la connaît à fond peut être un savant homme : l'autre est un homme judicieux, et vous vous souvenez que ce que nous proposons d'acquérir est moins la science que le jugement (3)... Le savoir de votre élève ne sera que dans sa mémoire, et celui du mien sera dans son jugement » (4).

C'est que l'abus de la mémoire conduit à la vaine science, et la vaine science inspire à Montaigne et à Rousseau la même aversion. « Je ne sais » était le mot favori de Montaigne, il en faisait sa devise. « Si j'eusse eu à dresser des enfants, dit-il, je leur eusse tant mis en la bouche cette façon de respondre : qu'est-ce à dire ? je ne l'entends pas, il pourrait estre, est-il vrai ? qu'ils eussent plustost gardé la forme d'apprentis à soixante ans que de representer les docteurs à dix ans, comme ils font » (5). Rousseau nous dira de même : « Je ne sais est un mot qui nous va si bien à tous deux (le maître et le disciple) et que nous répétons si souvent qu'il ne coûte plus rien à l'un ni à

---

(1) T. VIII, p. 33.
(2) T. VIII, p. 267.
(3) T. VIII, p. 332.
(4) T. IX, p. 142. Voir aussi *Nouvelle Héloïse* V, t. VII, p. 265.
(5) III, 11, éd. Jouaust, t. VI, p. 258.

l'autre » (1). Il estime que c'est une chose très difficile que de savoir ignorer (2) et il déclare qu'il enseigne l'ignorance (3). C'était suivre le conseil que Montaigne donne d'un bout à l'autre de son essai *De la physionomie* (4). Tenons d'ores en avant escolle de bestise », dit-il, et Socrate y est présenté comme un maître d'ignorance (5). Ce qui les inquiète surtout c'est le demi-savoir. Ils admettent qu'il y a une science très haute qui produit de bons effets, des effets aussi souhaitables que ceux de l'ignorance. Mais entre les deux il y a le demi-savoir qui ne siège qu'en la mémoire et qui gâte tout. C'est là une idée chère à Montaigne. Rousseau la lui a probablement empruntée. « L'ignorant qui ne prévoit rien sent peu le prix de la vie et craint peu de la perdre ; l'homme éclairé voit des biens d'un plus grand prix qu'il préfère à celui-là. Il n'y a que le demi-savoir et la fausse sagesse qui, prolongeant nos vues jusqu'à la mort, et pas au-delà, en font pour nous le pire des maux » (6). Il dira ailleurs : « Ce qu'il y a de pis pour la sagesse est d'être savant à demi » (7).

D'autres expressions encore et d'autres pensées,

---

(1) T. VIII, p. 361.
(2) T. IX, p. 16.
(3) T. VIII, p. 193.
(4) III, 12.
(5) III, 12, éd. Jouaust, t. VI, p. 294.
(6) T. VIII, p. 99.
(7) T. IX, p. 154.

communes aux deux écrivains, nous montrerons que Montaigne a aidé Rousseau à formuler son idéal en matière d'éducation intellectuelle, à substituer à l'exercice de la mémoire la formation du jugement. Son Emile, nous dit-il, n'aura que peu d'idées, mais ses idées seront claires et justes (1). Par là, s'il n'a pas l'esprit très meublé, il sera prêt à le meubler. Il aura la méthode voulue pour acquérir des idées nouvelles. Montaigne l'aidera encore à exprimer cela. « Emile a, dit-il, un esprit universel, non par les lumières, mais par la faculté d'en acquérir, un esprit ouvert, intelligent, prêt à tout, et, comme dit Montaigne, sinon instruit, du moins instruisable » (2).

L'une des caractéristiques d'une semblable disposition d'esprit c'est de « s'approprier » les idées, de ne jamais se contenter de jugements empruntés et d'opinions étrangères. « S'il embrasse, disait Montaigne de son disciple, les opinions de Xénophon et Platon par son propre discours, ce ne seront plus les leurs, ce seront les siennes... qu'il se les sçache approprier... Les abeilles pillotent deçà delà les fleurs, mais elles en font après le miel, qui est tout leur, ce n'est plus thin ni marjolaine : ainsi les pièces empruntées d'autruy, il les transfor-

---

(1) T. VIII, p. 257.

(2) Rappelons le texte des *Essais*, auquel il est fait allusion : « Les belles âmes, ce sont les âmes universelles et prestes à tout, si non instruites, du moins instruisables ». II, 17, éd. de Bordeaux, p. 436.

mera et confondra, pour en faire un ouvrage tout sien, à sçavoir, son jugement ; son institution, son travail et estude ne vise qu'à le former (1) ». Et Rousseau de même : « Quand l'entendement s'approprie les choses avant de les déposer dans la mémoire, ce qu'il en tire est à lui, au lieu qu'en surchargeant la mémoire à son insu on s'expose à n'en jamais rien tirer qui lui soit propre. Emile a peu de connaissances, mais celles qu'il a sont véritablement siennes (2) ».

Après la quinzième année, cette culture du jugement s'achèvera chez Rousseau par l'étude de l'homme, c'est-à-dire par l'étude que Montaigne, et que Rousseau lui-même en 1740, proposaient à leur disciple dès sa plus tendre enfance. Désormais non seulement la méthode de l'enseignement et le profit qu'on en espère pour l'intelligence seront les mêmes de part et d'autre, mais la matière enseignée leur sera commune elle aussi. Emile, qui jusqu'alors n'a observé que des phénomènes physiques, va désormais observer le monde moral afin de connaitre les hommes. Il ne s'agit pas pour lui d'agir, mais de regarder afin de former son jugement, d'acquérir des idées justes sur le monde moral. Montaigne avait emprunté à Cicéron une image pour exprimer cette attitude toute contemplative de son disciple. « Nostre vie, disoit Pythagoras, retire à la grande et

---

(1) I, 26, éd. de Bordeaux, p. 196.
(2) T. VIII, p. 363.

populeuse assemblée des jeux Olympiques. Les uns exercent le corps pour en acquerir la gloire des jeux ; d'autres y portent des marchandises à vendre pour le gain. Il en est (et qui ne sont pas les pires) lesquels n'y cherchent aucun fruict que de regarder comment et pourquoy chasque chose se faict, et estre spectateurs de la vie des autres hommes, pour en juger et reigler la leur (1) ». Rousseau l'a reprise à son tour pour en faire la même application : « Le spectacle du monde, disait Pythagore, ressemble à celui des jeux Olympiques : les uns y tiennent boutique et ne songent qu'à leur profit ; les autres y paient de leur personne et cherchent la gloire ; d'autres se contentent de voir les jeux, et ceux-ci ne sont pas les pires (2) ».

Pourtant l'âge de l'enfant n'est pas seul changé. Rousseau aborde l'étude de l'homme dans un esprit un peu différent de celui que Montaigne y apportait. Montaigne faisait de l'observation morale l'aliment quotidien de l'intelligence, il y appliquait l'esprit de son disciple de toutes les manières à la fois. Rousseau n'y vient qu'avec hésitation et répugnance, comme on se rend à une nécessité inéluctable. Il faut bien qu'Emile connaisse le monde puisqu'enfin il y doit vivre. Mais le monde est toujours plein de dangers à ses yeux. Il faut choisir parmi les moyens d'étude signalés par Montaigne ceux qui exposent le moins

---

(1) I, 26, éd. de Bordeaux, p. 205.
(2) T. VIII, p. 120.

notre disciple. On évitera la fréquentation de compagnies nombreuses et variées. La droiture d'Emile y souffrirait trop. Il y puiserait la haine de ses semblables. Il pourrait s'y corrompre. « Pour lui permettre d'étudier le cœur humain sans risquer de gâter le sien » il faut « lui montrer les hommes au loin, les lui montrer dans d'autres temps ou dans d'autres lieux, et de sorte qu'il puisse voir la scène sans jamais y pouvoir agir (1) ». C'est l'histoire qui y servira. A l'histoire Rousseau attache le même prix que Montaigne. Lui aussi, il la comprend en moraliste. Il lui demande le spectacle de la vie pour en tirer des leçons de morale. Il insiste pour qu'on pousse l'enfant à juger par lui-même.

Tous deux expriment la même défiance envers les historiens qui, prétendant apprécier les faits, les défigurent suivant leurs intérêts et leurs préjugés (2). Tous les deux veulent des historiens qui notent impartialement tous les événements, qui s'effacent eux-mêmes et laissent juger le lecteur (3). Ils s'accordent surtout à mettre au premier rang le genre biographique. C'est le plus profitable. L'histoire montre bien plus les actions que les hommes, parce qu'elle ne saisit ceux-ci que dans certains moments choisis, dans leurs vêtements de parade ; elle n'expose que l'acteur, qui s'est

---

(1) T. VIII, p. 432.
(2) ROUSSEAU, t. VIII, p. 423 ; MONTAIGNE, II, 10, éd. de Bordeaux, p. 115.
(3) ROUSSEAU, t. VIII, p. 426 ; MONTAIGNE, II, 10, p. 114.

costumé pour être vu ; elle ne le suit point dans sa maison, dans son cabinet, dans sa famille, au milieu de ses amis ; elle ne le peint qu'en représentation : c'est bien plus son habit que sa personne qu'elle peint. J'aimerais mieux la lecture des vies particulières pour commencer l'étude du cœur humain ; car alors l'homme a beau se dérober, l'historien le poursuit partout ; il ne lui laisse aucun moment de relâche, aucun recoin pour éviter l'œil perçant du spectateur ; et c'est quand l'un croit mieux se cacher, que l'autre le fait mieux connaître. Ceux, dit Montaigne, qui escrivent les vies, d'autant qu'ils s'amusent plus aux conseils qu'aux evenements, plus à ce qui part du dedans qu'à ce qui arrive au dehors ; ceux-là me sont plus propres, voylà pourquoy, en toutes sortes, c'est mon homme que Plutarque (4). » Montaigne avait dit l'utilité de suivre jusque dans leur intimité les héros de l'histoire pour les juger avec équité (5), de les surprendre « en leur à tous les jours » et non dans leur habit de parade (6). En d'autres endroits encore que dans le passage cité par Rousseau, il avait montré la valeur éducative des *Vies* de Plutarque. Il l'avait fait en particulier dans l'essai *De l'institution des enfants* (7). Tous deux s'accordent à louer hautement le maître du genre, Plutarque, qui

---

(1) T. VIII, p. 420 ; MONTAIGNE, II, 10, éd. de Bordeaux, t. II, p. 113.
(2) III, 2, éd. Jouaust, t. V, p. 193.
(3) II, 29, éd. de Bordeaux, p. 503.
(4) I, 26, éd. de Bordeaux, p. 202.

« a une grâce inimitable à peindre les grands hommes dans les petites choses ; il est si heureux dans le choix de ses traits que souvent un mot, un sourire, un geste, lui suffit pour caractériser son héros (1) ». Rousseau cite divers exemples pour montrer cet art de peindre chez Plutarque. Plusieurs d'entre eux avaient été mis en valeur par Montaigne (2).

Quand, grâce aux histoires, Emile aura fait de loin connaissance avec les hommes, il pourra les approcher davantage, se mêler un peu plus à la société. Il devra aussi, mais plus tard encore, entreprendre des voyages sous l'étroite surveillance de son gouverneur. Montaigne a eu tort (et Locke après lui) d'exposer si tôt son disciple à la visite des pays étrangers. Elle ne convient qu'à ceux qui « peuvent voir l'exemple du vice sans se laisser entraîner (3) ». Il a très bien vu, en revanche comment et pourquoi l'on doit voyager. Comme lui, Rousseau critique ceux qui sont tout occupés de minuties archéologiques, de recherches savantes et

---

(1) T. VIII, p. 429. Rapprocher Montaigne, I, 26. éd. de Bordeaux, p. 202.

(2) Pour Agésilas cf. Montaigne, I, 28, p. 251 ; pour César, III, 7, pour Alexandre, I, 24 ; pour Philopœmen, II, 17 ; pour Pyrrhus et Cinéas, I, 42. N'oublions pas d'ailleurs que Rousseau lisait beaucoup Plutarque, et qu'il a dû puiser directement ces exemples chez Plutarque. Montaigne les a peut-être signalés à son attention, mais, si je nomme ici Montaigne à côté de Rousseau, c'est bien plutôt pour montrer que leur curiosité à tous les deux va aux mêmes exemples de Plutarque.

(3) T. IX, p. 402.

oiseuses (1). Comme lui encore, il ne ménage pas les sarcasmes au Français qui « plein de ses usages, confond tout ce qui n'y ressemble pas (2) ». Il assigne aux voyages d'Emile un but auquel Montaigne n'avait pas songé, auquel il n'avait pas pu songer : Emile apprendra à y connaître les différentes formes de gouvernement et à choisir entre elles. Un tel dessein au XVIe siècle eût été tout à fait séditieux, et d'ailleurs l'élève de Montaigne était trop jeune pour aborder les problèmes politiques. A cela près, Rousseau escompte des voyages les mêmes profits que Montaigne et Locke. Emile y apprendra les langues bien entendu (3), mais surtout le contact des étrangers lui sera précieux pour triompher de ses préjugés (4). L'essentiel, au gré de Rousseau, est de savoir « observer (5) » et le but est non de « voir du pays » mais de « voir les peuples (6) ». La manière de voyager est aussi semblable de part et d'autre. Elle est déterminée d'ailleurs par l'objet du voyage. « Nous ne voyageons point en courriers, dit Rousseau, mais en voyageurs. Nous ne songeons pas seulement aux deux termes, mais à l'intervalle qui les sépare. Le voyage même est un plaisir pour

---

(1) T. IX, p. 428 ; MONTAIGNE, éd. de Bordeaux, p. 198.
(2) T. IX, p. 396. Rapprocher chez MONTAIGNE, en particulier, III, 9, éd. Jouaust, t. VI, p. 188.
(3) T. IX, p. 436.
(4) T. IX, p. 433.
(5) T. IX, p. 396 et p. 435.
(6) P. 401.

nous. Nous ne le faisons point tristement assis et comme emprisonnés dans une petite cage bien fermée. Nous ne voyageons point dans la mollesse et dans le repos des femmes. Nous ne nous ôtons ni le grand air, ni la vue des objets qui nous environnent, ni la commodité de les contempler quand il nous plaît. Emile n'entra jamais dans une chaise de poste... Je ne conçois qu'une manière de voyager plus agréable que d'aller à cheval, c'est d'aller à pied. On part à son moment, on s'arrête à sa volonté, on fait tant et si peu d'exercice qu'on veut. On observe tout le pays ; on se détourne à droite, à gauche ; on examine tout ce qui nous flatte ; on s'arrête à tous les points de vue. Aperçois-je une rivière, je la côtoie ; un bois touffu, je vais sous son ombre ; une grotte, je la visite ; une carrière, j'examine les minéraux. Partout où je me plais, j'y reste. A l'instant que je m'ennuie je m'en vais (1) ». Montaigne n'avait pas imaginé le voyage à pied, mais il disait : « Moy, qui le plus souvant voyage pour mon plaisir, ne me guide pas si mal : s'il faict laid à droicte, je prens à gauche ; si je me trouve mal propre à monter à cheval, je m'arreste... Ay-je laissé quelque chose à voir derrière moy, j'y retourne c'est tousjours mon chemin : je ne trace aucune ligne certaine, ny droicte ny courbe... La plus part ne prennent l'aller que pour le venir : ils voyagent couverts et resserrés d'une prudence taciturne et

_____
(1) T. IX, p. 313.

incommunicables se défendans de la contagion d'un air incogneu (2).

Avec l'histoire et les fables d'abord, avec la fréquentation du monde et les voyages ensuite, nous retrouvons toutes les formes du « commerce des hommes » tel que Montaigne le concevait. Désormais un enseignement moral positif marche de pair avec l'enseignement intellectuel. Comme chez Montaigne et chez Locke, les idées morales sont devenues le principal instrument de la culture du jugement. Mais pour voir quelle a été sur la formation morale d'Émile l'influence de Montaigne et de Locke il nous faut revenir en arrière et remonter à ses premières années.

En ce qui concerne l'instruction proprement dite nous venons de constater des ressemblances frappantes entre les théories de Montaigne et celles de Rousseau. C'est de part et d'autre la même fin proposée à la culture de l'intelligence, c'est la même manière d'enseigner ; après la quinzième année enfin les connaissances enseignées, elles aussi, sont les mêmes et l'histoire devient pour Rousseau comme pour Montaigne l'instrument essentiel de la formation de l'esprit. Des emprunts avoués de Rousseau à Montaigne, et, à leur défaut, des similitudes d'expression ne permettent pas de penser qu'il y ait là simple coïncidence. Certainement la lecture des *Essais* a été pour quelque chose dans la formation

---

(2) III, 9, éd. Jouaust, t. VI, p. 187-188.

de ces idées chez Rousseau, soit qu'elle les ait suggérées, soit qu'elle les ait seulement confirmées. Mais partout en revanche nous avons vu réagir la personnalité de Rousseau. Il choisit, il modifie, il transforme d'après ses propres principes. Si Emile profite bien des leçons de son maître, par sa formation intellectuelle il rappellera l'élève de Montaigne, mais au point de vue pratique il sera préparé à mener une vie tout à fait différente.

CHAPITRE VI

L'Éducation Morale

Au point de vue de la formation morale la différence n'est pas moins grande entre Montaigne et Rousseau, ou, si l'on veut, entre le Rousseau de 1740 et celui de 1760. Le principe de l'éducation négative lui impose une attitude toute nouvelle. Puisque la nature est bonne, il faut la préserver de tout mélange humain. Le but de l'éducation n'est donc pas de tendre à un résultat positif : elle imposerait une forme artificielle à l'enfant ; c'est simplement d'empêcher toute altération de la nature enfantine. Le grand précepte, sur lequel Rousseau revient sans cesse, est de perdre du temps, de retarder l'époque où l'enfant subira l'influence du milieu social, imitera ses semblables et partagera leurs erreurs. L'essentiel est de le tenir dans la dépendance des choses « aussi directement que possible : il n'aura pas d'autres récompenses ni d'autres punitions que les conséquences de ses actes, ne sera pas soumis à d'autres ordres que ceux que lui dicteront ses besoins Le précepteur veillera seulement à écarter de l'enfant tous les exemples : les exemples lui apprendraient les vices, qui rendent les hommes méchants et malheureux ; ils lui inspireraient des besoins factices. Or le bonheur pour l'homme de la nature consiste dans l'équilibre de ses besoins et de ses forces : sitôt que les besoins factices s'ajoutent aux besoins naturels, cet équilibre est rompu, et l'homme est irrémédiablement misérable. « Laissez longtemps agir la nature avant de vous mêler d'agir à sa place, de peur de contrarier ses opérations » (1).

Nous voilà loin de la méthode de Montaigne qui habituait l'enfant à raisonner sur des exemples humains, et sur le plus grand nombre possible d'exemples, pour en tirer la leçon et prolonger par l'expérience des autres son expérience personnelle. Rousseau est d'accord avec lui pour critiquer l'éducation traditionnelle, pour lui reprocher d'être toute verbale. On croirait lire les *Essais* quand on rencontre dans l'*Emile* : « la constance et la fermeté sont, ainsi que les autres vertus, de l'apprentissage de l'enfance, mais ce n'est pas en apprenant leurs noms aux enfants qu'on les leur enseigne, c'est en les leur faisant goûter, sans qu'ils sachent ce que c'est (2) ». « Il reprend avec insistance l'opposition, chère à Montaigne, comme à Plutarque, entre les mots faire et dire : les autres enfants parlent de morale, ils disent leur leçon, Emile la fera, il agira.

---

(1) T. VIII, p. 153.
(2) T. VIII, p. 204.

« Il ne jase pas, il agit » (1). En morale il n'y a que l'action qui compte. Montaigne avait dit cela jusqu'à la satiété. Mais s'ils s'entendent pour critiquer, il n'en va plus de même lorsqu'il s'agit de prescrire. Rousseau nous a déjà déclaré (2) qu'on ne raisonne pas avec les enfants et il a repris âprement Locke à ce sujet. C'était attaquer par la base la théorie de ses devanciers : si l'enfant ne raisonne pas, elle est nécessairement sans effet. Dans la suite, quand il critique les méthodes qu'on emploie pour faire pratiquer aux enfants la vertu au lieu de s'en remettre de ce soin à la bonne nature, Locke n'est pas mieux traité que les autres éducateurs. Ses conseils sur la libéralité excitent l'ironie de Rousseau. « Je n'ai guère vu, déclare-t-il, dans les enfants que ces deux espèces de générosité, donner ce qui ne leur est bon à rien, ou donner ce qu'ils sont sûrs qu'on va leur rendre. Faites en sorte, dit Locke, qu'ils soient convaincus par expérience que le plus libéral est toujours le mieux partagé. C'est là rendre un enfant libéral en apparence, et avare en effet. Il ajoute que les enfants contracteront ainsi l'habitude de la libéralité. Oui, d'une libéralité usurière, qui donne un œuf pour avoir un bœuf. Mais quand il s'agira de donner tout de bon, adieu l'habitude, lorsqu'on cessera de leur rendre, ils cesseront bientôt de donner. Il faut

---

(1) T. VIII, p. 179; voir aussi p. 37, p. 267, etc.
(2) Voir ci-dessus, p. 190.

regarder à l'habitude de l'âme plutôt qu'à celle des mains. » (1)

Une opposition aussi radicale dans les principes paraît rendre impossible tout emprunt de Rousseau à ses devanciers. Sa méthode n'est-elle pas trop différente de la leur pour qu'elle puisse jamais la rencontrer ? Il n'en est rien. Tout comme Montaigne et Locke, Rousseau doit veiller à ce que certains germes de vices ne se développent pas dans le cœur de son disciple. Assurément la nature n'y en a mis aucun, mais toujours le mauvais exemple ou la maladresse des hommes peut en faire naître, et comment préserver l'enfant de tout contact avec ses semblables ? Son gouverneur lui-même n'est pas un ange. Quelle qu'en soit l'origine, il y a des vices à redouter, des vices dont il faut prévenir la naissance. Sur ce point, Montaigne et Locke, avec leur méthode d'éducation positive, peuvent fournir des suggestions. Comment ne pas penser à eux quand on lit chez Rousseau la remarque que voici : « On ne doit jamais souffrir qu'un enfant se joue aux grandes personnes comme avec ses inférieurs, ni même comme avec ses égaux... J'ai vu d'imprudentes gouvernantes animer la mutinerie d'un enfant, l'exciter à battre, s'en laisser battre elles-mêmes, et rire de ses faibles coups, sans songer qu'ils étaient autant de meurtres dans l'intention du petit furieux, et que celui qui veut battre étant jeune

---

(1) T. VIII, p. 146.

voudra tuer étant grand » (1). Montaigne et Locke avaient recommandé dans des termes analogues de veiller sur les inclinations naissantes des enfants qui, sous des apparences anodines, cachent parfois de dangereuses menaces, et le penchant à la violence ou à la cruauté leur avait paru digne d'une particulière attention (2).

Mais surtout Locke avait intitulé un de ses chapitres : *Il ne faut pas laisser prendre aux enfants trop d'empire*, et pourquoi ? C'est là sans doute, et dans le chapitre suivant intitulé : *Il ne faut pas souffrir que les enfants s'accoutument à pleurer*, que Rousseau a puisé une idée qui tient une place considérable dans l'*Emile*. Locke disait (3) que les enfants aiment « naturellement » à prendre de l'empire sur ceux qui les entourent, et il voyait dans ce penchant « la première cause » de la plupart des habitudes déréglées où ils s'engagent ordinairement. Rousseau proteste : ce n'est pas la nature, ce sont les services inconsidérés que nous rendons aux enfants qui leur inspirent cette mauvaise inclination (4). Mais il reconnaît qu'elle traîne après elle les suites les plus funestes (5). C'est par ses pleurs, disent-ils l'un et l'autre, que l'enfant

---

(1) T. VIII, p. 133.
(2) Cf. les textes cités ci-avant, p. 56.
(3) Ch. XII, par. 106.
(4) T. VIII, p. 71.
(5) T. VIII, pp. 32, 71, 74, 77, 107, 113, etc. Rapprocher *Nouvelle Héloïse V*, III, t. VII, p. 249.

s'efforce d'établir sa domination. Il faut donc éviter autant que possible qu'il prenne l'habitude de pleurer (1). Pourtant les pleurs sont utiles à l'enfant. Tant qu'il ne peut pas parler, il n'a pas d'autres moyens pour faire connaître ses besoins. On doit donc en tenir compte quelquefois. On en tiendra compte, dit Locke (de leurs pleurs et de leurs demandes), quand elles correspondront à un besoin naturel, et seulement dans ce cas. « Il est à propos, sans doute, que les enfants aient la liberté de faire connaître leurs besoins à leurs parents ; et les parents doivent écouter leurs demandes avec toute sorte de douceur et de sensibilité, et suppléer à leurs besoins durant le temps de leur plus tendre enfance. Mais autre chose est dire, j'ai faim et dire, je voudrais avoir du rôti. Lorsque les enfants ont fait connaître leurs besoins naturels, comme est l'incommodité que leur cause la faim, la soif, le froid, ou telle autre nécessité naturelle, c'est le devoir de leurs parents et de ceux qui sont auprès d'eux de les secourir. Mais il faut que les enfants laissent à leurs parents la liberté de leur donner ce qu'ils jugent leur devoir être le plus avantageux, et en telle quantité qu'ils le trouvent à propos. Et bien loin de permettre aux enfants de choisir eux-mêmes ce qu'ils veulent, et de dire, par exemple, je voudrais du vin ou du pain blanc, dès là qu'ils ont nommé ces

---

(1) Outre les passages ci-dessus indiqués, voir t. VIII, pp. 59 et 108, et *Nouvelle Héloïse* V, III, t. VII, p. 254.

choses, il faut les leur refuser. Ici donc les parents devraient prendre soin de distinguer exactement entre les besoins de pure fantaisie, et ceux qui sont naturels. Ces derniers se réduisent, selon la judicieuse remarque d'un ancien, à ce petit nombre de choses dont chacun sent que la nature humaine ne saurait se passer sans peine. ... Les nécessités véritablement naturelles sont celles que la raison toute seule, et sans être secourue d'ailleurs, ne saurait vaincre, ni empêcher de troubler notre bonheur. De cet ordre sont les douleurs que cause une maladie, une blessure, la faim, la soif, le froid, le besoin de dormir... Mais, à quelque condescendance que les besoins naturels puissent obliger, on ne devrait jamais satisfaire les enfants à l'égard des besoins qui ne sont fondés que sur leur pure fantaisie, ni même leur permettre d'en faire mention » (1). L'essentiel est pour le maître de savoir distinguer entre les larmes qui correspondent à une douleur réelle, et celles qui proviennent de leur humeur opiniâtre et impérieuse. « Si l'on y prend bien garde, on peut discerner ces deux différentes sortes de pleurs à l'air, au regard, à la contenance, et particulièrement au ton de la voix de celui qui se plaint » (2). « Dans le premier cas il faut venir en aide aux enfants, au moins en général. Dans le second il n'en faut rien faire. Divers moyens servent à arrêter

---

(1) Ch. XII, par. 107 et 108.

(2) Ch. XIII, par. 114.

les pleurs des enfants : ou bien on n'y prête aucune attention, ou bien on jette sur eux un regard sévère, ou bien on imagine quelque moyen de les distraire, rarement il en faut venir aux coups » (1). Rousseau n'en viendra jamais aux coups, nous le savons ; mais sur tout le reste il est est pleinement d'accord avec Locke. Lui qui (nous l'avons vu) place le bonheur dans l'équilibre des besoins et des forces (2), que ne fera-t-il pas pour empêcher l'éveil des besoins d'opinion ? « Loin d'avoir des forces superflues, les enfants n'en ont pas même de suffisantes pour tout ce que leur demande la nature ; il faut donc leur laisser l'usage de toutes celles qu'elle leur donne et dont ils ne sauraient abuser. Première maxime. Il faut les aider, et suppléer à ce qui leur manque, soit en intelligence, soit en force, dans tout ce qui est du besoin physique. Deuxième maxime. Il faut, dans les secours qu'on leur donne, se borner uniquement à l'utile réel, sans rien accorder à la fantaisie ou au désir sans raison, car la fantaisie ne les tourmentera point quand on ne l'aura pas fait naître, attendu qu'elle n'est pas de la nature. Troisième maxime. Il faut étudier avec soin leur langage et leurs signes, afin que, dans un âge où ils ne savent point dissimuler, on distingue dans leurs désirs ce qui vient immédiatement de la nature, et ce qui vient de l'opinion. Quatrième

---

(1) Ch. XIII, par. 116.
(2) Voir t. VIII, p. 96 et suiv.

maxime. L'esprit de ces règles est d'accorder aux enfants plus de liberté véritable et moins d'empire... (1) Ou encore : On doit se défier de ce qu'ils désirent sans le pouvoir faire eux-mêmes, et que d'autres sont obligés de faire pour eux. Alors il faut distinguer avec soin le vrai besoin, le besoin naturel du besoin de fantaisie qui commence à naître, ou de celui qui ne vient que de la surabondance de vie dont j'ai parlé. J'ai déjà dit ce qu'il faut faire quand un enfant pleure pour avoir ceci ou cela. J'ajouterai seulement que, dès qu'il peut demander en parlant ce qu'il désire, et que pour l'obtenir plus vite ou pour vaincre un refus, il appuie de pleurs sa demande, elle lui doit être irrévocablement refusée. Si le besoin l'a fait parler, vous devez le savoir et faire aussitôt ce qu'il demande, mais céder quelque chose à ses larmes, c'est l'exciter à en verser.. » (2). Quand on estime qu'il n'y a pas lieu de céder aux larmes de l'enfant, Rousseau est d'avis, comme Locke, qu'il faut « n'y faire aucune attention » ce qui provient de l'habitude de pleurer ; on peut encore « les distraire par quelque objet agréable et frappant, qui leur fasse oublier qu'ils voulaient pleurer. La plupart des nourrices excellent en cet art, et, bien ménagé, il est très utile » (3).

---

(1) T. VIII, p. 78. Sur la distinction essentielle entre les besoins naturels et les besoins de fantaisie, voir encore p. 270, et aussi la *Nouvelle Héloïse* V, III, t. VII, p. 231.

(2) T. VIII, p. 108.

(3) T. VIII, p. 77.

Beaucoup d'enfants pleurent encore à la moindre douleur physique qu'ils éprouvent. Locke voulait qu'on guérît également cette mauvaise habitude. Cette précaution lui semblait essentielle pour les endurcir aux maux de la vie. Il recommandait spécialement de ne pas les plaindre. « Ces plaintes attendrissent le cœur, et sont cause que le moindre mal qui leur arrive pénètre fort avant dans cette partie qui seule est capable de sentiment, et y fait une plaie plus profonde qu'il ne serait autrement... Tout ce qui ne touche point notre âme, ne fait qu'une légère impression, et ne nous cause qu'une très petite incommodité, ce n'est que la sensibilité de notre esprit qui produit et qui perpétue le mal... Lorsqu'il leur arrive de se faire du mal en tombant ou en heurtant contre quelque chose, au lieu de leur témoigner qu'on en est touché, il faut leur dire d'y retourner, et par là on les guérira mieux de leur chute qu'en les querellant, ou en les plaignant (1) ». Rousseau est du même avis : « Si l'enfant est délicat, sensible, que naturellement il se mette à crier pour rien, en rendant ses cris inutiles et sans effet, j'en taris bientôt la source. Tant qu'il pleure je ne vais point à lui... S'il tombe, s'il se fait une bosse à la tête, s'il saigne du nez, s'il se coupe les doigts, au lieu de m'empresser autour de lui d'un air alarmé, je resterai tranquille au moins pour un peu de temps. Le mal est fait, c'est

---

(1) Ch. XIII, par. 115.

une nécessité qu'il l'endure ; tout mon empressement ne servirait qu'à l'effrayer davantage, et augmenter sa sensibilité : au fond, c'est moins le coup que la crainte qui tourmente, quand on s'est blessé. Je lui épargnerai du moins cette angoisse, car très sûrement il jugera de son mal comme il voit que j'en juge. S'il me voit accourir avec inquiétude, le consoler, le plaindre, il s'estimera perdu... (1) ».

Quelque négative que soit en principe l'éducation que Rousseau donne à l'enfant, elle ne va pas sans quelques préceptes positifs. C'est bien un précepte positif, semble-t-il, que celui d'habituer les enfants à ne pas s'effrayer hors de raison. Là encore Locke a servi de modèle. Il remarquait que la peur vient non des objets eux-mêmes, mais des idées effrayantes que nous y attachons. En conséquence, la méthode à suivre lui semblait être de présenter à l'enfant les objets qui lui font peur, de l'accoutumer à eux par degrés, de le familiariser avec leur forme. « On doit... accoutumer insensiblement les enfants aux objets qui leur causent le plus de frayeur, mais en prenant bien garde de ne pas aller trop vite, et de ne pas entreprendre cette cure trop tôt, de peur d'augmenter le mal au lieu de le guérir... Votre enfant frémit et prend la fuite à la vue d'une grenouille : faites prendre une grenouille à une autre personne, et lui ordonnez de la mettre à une bonne distance de votre

---

(1) T. VIII, p. 90.

enfant. Accoutumez-le premièrement à jeter les yeux dessus, et quand il peut faire cela sans peine, à l'approcher de plus près et à la voir sauter sans émotion, et ensuite à la toucher légèrement pendant qu'un autre la tient ferme entre ses mains, continuant ainsi par degrés à lui rendre cet animal familier, jusqu'à ce qu'il puisse le manier avec autant d'assurance qu'il manie un papillon ou un moineau. Par la même méthode vous pourrez affranchir votre enfant de toute autre frayeur chimérique, si vous prenez bien garde de n'aller pas trop vite, et que vous n'exigiez point de lui un nouveau degré d'assurance, avant qu'il soit entièrement confirmé dans celui qui précède immédiatement (1) ». Rousseau paraît s'être souvenu précisément de ce passage de Locke quand il a exprimé à son tour les mêmes idées. « Je veux qu'on habitue l'enfant à voir des objets nouveaux, des animaux laids, dégoûtants, bizarres, mais peu à peu, de loin, jusqu'à ce qu'il y soit accoutumé, et qu'à force de les voir manier à d'autres il les manie enfin lui-même. Si durant son enfance il a vu sans effroi des crapauds, des serpents, des écrevisses, il verra sans horreur, étant grand, quelque animal que ce soit... Tous les enfants ont peur des masques. Je commence par montrer à Emile un masque d'une figure agréable ; ensuite quelqu'un s'applique devant lui ce masque sur le visage : je me mets à rire, tout le monde rit,

---

(1) Ch. XIV, par. 118.

et l'enfant rit comme les autres. Peu à peu je l'accoutume à des masques moins agréables, et enfin à des figures hideuses (1) ». Ce que Rousseau dit ici des masques n'est qu'une application de la méthode indiquée par Locke. Il en fait encore usage pour les détonations d'une arme à feu auxquelles il accoutume progressivement Émile afin de l'habituer aux bruits effrayants. Le principe est toujours le même.

Ces suggestions de Locke portent principalement sur des détails. Seule, l'idée d'empêcher l'enfant de prendre aucun empire sur ceux qui l'entourent, occupe une place importante dans les théories de Rousseau, parce qu'elle touche au principe essentiel, qui est de couper autant que possible les rapports de dépendance entre l'enfant et le milieu social. Le rôle de Montaigne en tout ceci est plus considérable.

Une philosophie de la nature domine toute l'éducation négative d'Emile. Elle la commande et inspire une bonne partie des vues de détail. On pourrait la résumer en trois préceptes principaux : 1° il faut éviter de compromettre le bonheur de l'enfant en le faisant dépendre de trop de choses ; 2° il faut le préparer à supporter les accidents de la vie, afin que les malheurs lui soient moins sensibles ; 3° il faut lui apprendre à jouir du présent sans trop se préoccuper de prévoir l'avenir. Certes, ces préceptes sont plus anciens que Montaigne. Ils ont été

---

(1) T. VIII, p. 65.

préconisés par les philosophes de l'antiquité. Le premier semble être commun à bien des sectes ; le second fait penser surtout aux stoïciens, tandis que le troisième rappelle les doctrines épicuriennes. Mais Montaigne les avait repris tous les trois, les avait mis en action pour son propre compte et prêchés à sa manière. Rousseau les a appris peut-être des maîtres anciens, mais la lecture des *Essais*, elle aussi, l'a imprégné de leur sagesse.

Nous venons de voir Rousseau distinguer entre les besoins de nature et les besoins de « fantaisie » ou « d'opinion ». Montaigne, d'ailleurs après Sénèque et Plutarque, avait insisté, lui aussi, sur cette différence (1). A ses yeux déjà elle était de grande conséquence. Nos besoins naturels sont fort peu étendus, disait-il, il est aisé de les satisfaire. Le champ des besoins artificiels, au contraire, est illimité, puisque l'opinion les crée à sa guise. Si une fois nous nous laissons envahir par eux, nous sommes perdus : nous ne pourrons pas les contenter. Nous nous attachons aux objets et aux personnes qui nous entourent au point de ne plus savoir nous en passer. Nous nous faisons de la fortune, de la réputation, des honneurs, des nécessités aussi essentielles que le boire et le manger. La privation de ces biens imaginaires nous torture. Nous sommes ainsi les artisans de notre malheur. Nos désirs nous mettent dans la dépendance des

---

1) Voir l'essai III, 10, et aussi II, 12, éd. de Bordeaux, p. 185.

choses, ils nous exposent aux coups de la fortune. C'est tout à fait le point de vue de Rousseau (1). Voilà bien pourquoi il protégeait Emile contre les complaisances de son gouverneur et contre les exemples qui pouvaient faire germer en lui des désirs d'opinion. Nous tenons à tout, nous nous accrochons à tout; les temps, les lieux, les hommes, les choses, tout ce qui est dit, tout ce qui sera, importe à chacun de nous : notre individu n'est plus que la moindre partie de nous-mêmes. Chacun s'étend, pour ainsi dire, sur la terre entière, et devient sensible sur toute cette grande surface. Est-il étonnant que nos maux se multiplient dans tous les points par où l'on peut nous blesser? Que de princes se désolent pour la perte d'un pays qu'ils n'ont jamais vu! Que de marchands il suffit de toucher aux Indes pour les faire crier à Paris » (2). L'expression, certes, est neuve autant que forte, mais Musset-Pathay y avait reconnu déjà l'écho des doctrines de Montaigne, et, pour éclairer ces idées, il citait en note des passages des *Essais* : « ... Un soin extresme prend l'homme d'allonger son estre, il y a pourveu par toutes ses pieces... Nous entraisnons tout avec nous; nul ne pense assez n'estre qu'un... Plus nous amplifions nostre possession, d'autant plus nous engageons-nous aux coups de la fortune. La carriere de nos desirs doit estre circonscripte et restreinte à

(1) T. VIII, p. 96-97.
(2) T. VIII, p. 101.

un court limite des commodités les plus proches. Les actions qui se conduisent sans cette reflexion, ce sont actions erronées et maladives ». Toutes ces maximes sont prises aux essais intitulés : *Apologie de Sebonde* (1), *De juger de la mort d'autruy* (2), *De mesnager sa volonté* (3). Musset-Pathay eût pu encore faire quelque emprunt à l'essai *De la solitude* (4) qui, lui aussi, était singulièrement propre à donner le même enseignement. Montaigne y disait : « Le reste soit à nous, mais non point joint et colé en façon qu'on ne le puisse desprendre sans nous escorcher et arracher ensemble quelque piece du nostre (5) ». Et Rousseau : « Apprends à perdre ce qui peut t'être enlevé... à te mettre au-dessus des événements, à détacher ton cœur sans qu'ils le déchirent... (6) ».

Les deux autres préceptes semblent être en contradiction l'un avec l'autre : l'un conseille la prévoyance en demandant de préparer l'enfant aux maux qui le menacent, l'autre la condamne comme néfaste. Montaigne paraissait avoir hésité entre les deux. En réalité je crois qu'il a passé de l'un à l'autre, qu'au début de sa carrière il se « bandait » dans une attitude stoïcienne pour soutenir les chocs de la fortune, qu'il imaginait toutes les catastrophes

---

(1) II, 12, éd. de Bordeaux, p. 297.
(2) II, 13, éd. de Bordeaux, p. 372.
(3) III, 10, éd. Jouaust, t. VI, p. 227.
(4) I, 39.
(5) I, 39, éd. de Bordeaux, p. 315.
(6) T. IX, p. 383 : Voir aussi pp. 379, 385, 437, etc.

dont il pouvait être un jour victime, afin de s'apprivoiser à elles et de n'en être pas surpris. Plus tard il a pensé au contraire que toute cette préparation philosophique nuit plus qu'elle ne sert, il s'est proposé de jouir du présent sans se préoccuper désormais de l'avenir. Mais Rousseau ne pouvait pas connaître cette évolution de l'auteur des *Essais*. Montaigne lui semblait n'avoir pas choisi, et lui-même, comme Montaigne, se sentait attiré à la fois par les deux attitudes contraires. Il s'est pourtant avisé parfois de la difficulté et il a tenté une conciliation : « Il y a un excès de rigueur et un excès d'indulgence, tous deux également à éviter. Si vous laissez pâtir les enfants, vous exposez leur santé, leur vie ; vous les rendez actuellement misérables : si vous leur épargnez avec trop de soin toute espèce de malaise, vous leur préparez de grandes misères, vous les rendez délicats, sensibles... Vous me direz que je tombe dans le cas de ces mauvais pères, auxquels je reprochais de sacrifier le bonheur des enfants à la considération d'un temps éloigné qui peut ne jamais être. Non pas : car la liberté que je donne à mon élève le dédommage amplement des légères incommodités auxquelles je le laisse exposé » (1). Il explique que, pourvu qu'on le laisse libre, un enfant transi, jouera sur la neige sans même sentir le froid qui le bleuit. Il s'endurcit au froid et pourtant cette prévoyance ne gâte point son

---

(1) T. VIII, p. 109.

bonheur présent. Le sophisme est manifeste : Rousseau compte sans les menaces de fluxion de poitrine. Mais n'importe, on voit de quel côté il va chercher la solution du problème. Mis en demeure de s'expliquer, il aurait dit, je crois, qu'il ne faut pas préparer l'esprit aux maux futurs, vu que les préparations de la philosophie sont nuisibles, mais qu'il convient d'aguerrir le corps, que les exercices fortifient et disposent à mieux supporter l'avenir sans gâter le présent. Aussi est-ce surtout pour l'éducation du corps qu'il suit les leçons d'énergie de Montaigne. Nous l'avons entendu à ce sujet citer longuement les *Essais* (1). Il ne s'en est pourtant peut-être pas toujours tenu au corps. Ne semble-t-il pas faire allusion aussi à une préparation philosophique quand il dit : « Plus on familiarisera l'enfant avec toutes ces idées (de douleur et de mort), plus on le guérira de l'importune sensibilité qui ajoute au mal l'impatience de l'endurer... (2) ». En tout cas, il aime, comme Montaigne, à jeter des défis à la fortune, et on lit dans l'*Emile* aussi bien que dans les *Essais* l'arrogante apostrophe des *Tusculanes* : « Occupavi te, fortuna, atque cepi ; omnesque aditus tuos interclusi ut ad me aspirare non posses » (3).

Rousseau revient avec beaucoup plus d'insistance sur le précepte épicurien de ne pas se tourmenter

---

(1) Voir ci-dessus, p. 173.
(2) T. VIII, p. 204.
(3) T. VIII, p. 18 ; *Essais*, II, 2, éd. de Bordeaux, p. 20.

à prévoir l'avenir. Nous l'avons entendu déjà condamner la prévoyance des médecins (1). Il n'est pas moins sévère pour celle des philosophes. Il se souvient ici surtout de l'essai *De la physionomie*. Dans l'état de nature, nous dit-il, l'homme souffre aisément les maux qui sont attachés à son espèce, la douleur et la mort. « Naturellement l'homme sait souffrir constamment et meurt en paix (2)... Combien l'homme vivant dans la simplicité primitive est sujet à peu de maux. Il vit presque sans maladies ainsi que sans passions et ne prévoit ni ne sent la mort ; quand il la sent, ses misères la lui rendent désirable : dès lors elle n'est plus rien pour lui. Si nous nous contentions d'être ce que nous sommes, nous n'aurions point à déplorer notre sort, mais pour chercher un bien-être imaginaire, nous nous donnons mille maux réels. Au mal qu'on sent on ajoute celui qu'on craint ; la prévoyance de la mort la rend horrible et l'accélère ; plus on la veut fuir, plus on la sent, et l'on meurt de frayeur durant toute sa vie, en murmurant contre la nature des maux qu'on s'est fait en l'offensant » (3). C'est bien ainsi que dans l'essai *De la physionomie*, Montaigne avait parlé de la condition des paysans. La douleur et la mort ne leur pèsent guère. « Regardons à terre les pauvres gens que nous y voyons espandus, la teste penchante apres leur besogne, qui ne sçavent ny Aristote, ny

---

(1) Cf. ci-dessus, p. 176.
(2) T. VIII, p. 46.
(3) T. IX, p. 44.

Caton, ny exemple, ni precepte : de ceux là tire nature tous les jours des effects de constance et de patience plus purs et plus roides que ne sont ceux que nous estudions si curieusement en l'escole. Combien en vois-je ordinairement qui mescognoissent la pauvreté, combien qui desirent la mort ou qui la passent sans alarme et sans affliction ?... » (1). Le chapitre tout entier serait à lire.

Nos misères sont de trois sortes : les douleurs morales, les douleurs physiques et la mort. Or dans l'état de nature rien de tout cela ne peut nous être bien redoutable, dit Rousseau, car « nos maux moraux sont tous dans l'opinion », hors le crime qui dépend de nous ; « nos maux physiques se détruisent ou nous détruisent. Le temps ou la mort sont nos remèdes. » Et quant à la mort, « naturellement l'homme ne s'inquiète pour se conserver qu'autant que les moyens en sont en son pouvoir : sitôt que ces moyens lui échappent, il se tranquillise et meurt sans se tourmenter inutilement. La première loi de la résignation nous vient de la nature. Les sauvages, ainsi que les bêtes, se débattent fort peu contre la mort, et l'endurent presque sans se plaindre » (2). En ce qui concerne la douleur morale, Montaigne avait écrit tout un long essai pour prouver que « le goust des biens et des maux dépend en bonne partie de l'opinion que nous en avons », et que « les

---

(1) Ed. Jouaust, t. VI, p. 275.
2) T. VIII, p. 100.

hommes... sont tourmentés par les opinions qu'ils ont des choses, non par les choses mesmes ». C'était reprendre une idée chère à Epictète. Il avait dit de la douleur physique, après Sénèque : « Si elle est violente, elle est courte; si elle est longue elle est legiere... Tu ne la sentiras guiere long temps si tu la sens trop ; elle mettra fin à soy, ou à toy : l'un et l'autre revient à un » (1). Et, quant à la mort, il estime que la manière calme et détachée dont Socrate parle de sa fin prochaine « represente la pure et premiere fantaisie de nature. Car il est croyable que nous avons naturellement crainete de la douleur, mais non pas de la mort, à cause d'elle mesmes ». Il démontre que « nature ne peut pas nous en avoir inspiré l'horreur. Nous voyons les bestes non seulement la souffrir gayement (la plus part des chevaux hanissent en mourant, les cignes la festoient de leurs chants), mais la rechercher encores à leur besoing, comme disent plusieurs exemples des éléphants » (2). D'autres essais nous montrent des hommes du peuple, des enfants, des animaux souffrant la mort avec insouciance ou la voyant venir sans trouble (3).

Ce qui gâte tout chez l'homme instruit, c'est le demi-savoir, c'est la prévoyance qui double le mal au lieu de le soulager. « Que gagne Epictète de prévoir que son maître va lui casser la jambe ? La

---

(1) I, 14, éd. de Bordeaux, p. 67.
(2) III, 12, éd. Jouaust, t. VI, p. 297.
(3) Cf. surtout I, 14.

lui casse t-il moins pour cela ? Il a par-dessus son mal le mal de la prévoyance » (1). Et Montaigne : « Les maux ne viendront pas assez tôt : leur vrai estre ne nous dure pas assez ; il faut que nostre esprit l'estende et l'allonge et qu'avant la main il l'incorpore en soy et s'en entretienne comme s'ils ne poisoient pas raisonnablement à nos sens... La science nous fait volontiers un bon office de nous instruire bien exactement des dimensions de nos maux,... ce seroit dommage si partie de leur grandeur eschapoit à nostre sentiment et cognoissance. Il est certain qu'à la plus part la preparation à la mort a donné plus de tourment que n'a faict la souffrance. Il fut jadis veritablement dict, et par un bien judicieux autheur : Minus afficit sensus fatigatio quam cogitatio » (2).

La prévoyance nous empêche de jouir du présent, et cela sous prétexte de nous préserver des maux futurs qu'elle ne fait qu'accroître, bien plus, sous prétexte de nous préserver de maux qui souvent n'ont pas à nous atteindre. Montaigne disait d'après Sénèque : « Que te sert-il... de perdre le present par la crainte du futur, et estre dès cette heure miserable par ce que tu le dois estre avec le temps ?... A quoy nous sert cette curiosité de preoccuper tous les inconvenients de l'humaine nature, et nous preparer avec tant de peine à l'encontre de ceux mesme qui

---

(1) T. VIII, p. 398.
(2) III, 12, éd. Jouaust, t. VI, p. 290.

n'ont à l'aventure poinct à nous toucher ? Parem passis tristitiam facit pati posse..., ou comme les plus fievreux, car certes c'est fievre, aller dès à cette heure nous faire donner le fouet, par ce qu'il peut advenir que fortune nous le fera souffrir un jour ?... (1). » Rousseau ne s'indigne pas avec moins de véhémence : « Que faut-il penser de cette éducation barbare qui sacrifie le présent à un avenir incertain, qui charge un enfant de chaines de toute espèce, et commence par le rendre misérable pour lui préparer au loin je ne sais quel prétendu bonheur dont il est à croire qu'il ne jouira jamais ?... J'entends de loin les clameurs de cette fausse sagesse qui nous jette incessamment hors de nous, qui compte toujours le présent pour rien, et, poursuivant sans relâche un avenir qui fuit à mesure qu'on avance, à force de nous transporter où nous ne sommes pas, nous transporte où nous ne serons jamais... Malheureuse prévoyance, qui rend un être actuellement misérable, sur l'espoir bien ou mal fondé de le rendre heureux un jour... La prévoyance qui nous porte sans cesse au delà de nous, et souvent nous place où nous n'arriverons point, voilà la véritable source de toutes nos misères. Quelle manie à un être aussi passager que l'homme de regarder toujours au loin dans un avenir qui vient si rarement, et de négliger le présent dont il est sûr... Nous n'existons pas où nous sommes, nous n'exis-

---

(1) III, 12, éd. Jouaust, t. VI, p. 200.

tons qu'où nous ne sommes pas » (1). Comment ne pas rappeler ici le début du troisième essai de Montaigne ? *Nos affections s'emportent au delà de nous.* « Ceux qui accusent les hommes d'aller tous jours beant apres les choses futures, et nous aprennent à nous saisir des biens presens, et nous rassoir en ceux-là, comme n'ayant aucune prise sur ce qui est à venir, voire assez moins que nous n'avons sur ce qui est passé, touchent la plus commune des erreurs... Nous ne sommes jamais chez nous, nous sommes toujours au-delà. La crainte, le desir, l'esperance, nous eslancent vers l'avenir et nous derobent la consideration de ce qui est pour nous amuser à ce qui sera, voire quand nous ne serons plus » (2).

En ce qui concerne ce précepte de ne pas gâter le présent par la préoccupation de l'avenir, nous n'avons pas relevé d'emprunts à proprement parler et c'est pourquoi nous avons dû citer longuement. L'influence de Montaigne n'en est pas moins ici bien probable, autant pour le moins que celle de Sénèque. En tout cas, pour les deux autres préceptes, des faits précis l'établissent. Il ne s'agit pas là de théories pédagogiques, mais bien d'une conception philosophique de la vie dont découleront des applications importantes pour la pratique de l'éducation. Montaigne ne les avait pas dégagées. Seul, le principe stoïcien lui avait inspiré ses idées sur la discipline

---

(1) T. VIII, pp. 93, 94, 101.
(2) T. VIII, p. 102 ; voir MONTAIGNE, I, 3, éd. de Bordeaux, p. 14.

physique par laquelle il endurcit son disciple à la souffrance. Des deux autres maximes il n'avait tiré à peu près aucune conséquence pédagogique. C'est renouveler des principes, je dirais presque les recréer, que d'en déduire des corollaires inaperçus. Loin de conclure à une éducation négative qui tienne l'enfant à l'écart du milieu social, Montaigne y plongeait son disciple de manière à adapter ses mœurs aux mœurs de ceux qui doivent partager sa vie. Il voulait sans doute que l'homme restât supérieur à ce milieu par son jugement et par son énergie, qu'il pût toujours au besoin s'affranchir de ses habitudes ; son effort principal n'en allait pas moins à l'y accommoder.

Rousseau, lui aussi, devra bien quelque jour songer à cette accommodation. Nous avons vu qu'elle ne viendra que beaucoup plus tard, qu'après la quinzième année seulement on s'occupera d'apprendre à Emile ce que doivent être ses relations avec ses semblables, que son intelligence trouvera là une matière nouvelle où s'exercer en même temps que ses mœurs se façonneront. Alors le temps de l'éducation négative sera passé. Pourtant le premier précepte sera encore de retarder autant que possible l'éveil des passions naturelles, d'empêcher que l'influence du milieu ne les fasse naître avant leur heure, surtout que les mauvais exemples n'ajoutent des passions factices aux passions naturelles. De là les hésitations et la défiance avec lesquelles (nous l'avons constaté) Rousseau accepte les différents moyens que Montaigne avait préconisés pour donner à l'enfant la connaissance des hommes et lui graver dans le cœur les idées des rapports moraux et sociaux. Toujours dominé par la même philosophie naturelle, il cède à regret aux exigences sociales, et fait aux initiations qu'elles réclament la part aussi petite que possible.

Chose curieuse, c'est pour la jeune fille, être qu'il estime plus faible et plus sujet aux impressions des mauvais exemples, que Rousseau accepte le plus tôt et avec le moins de ménagement le programme que Montaigne avait tracé pour des hommes. L'auteur des *Essais* faisait peu de compte de la femme et ne se préoccupait guère de son éducation. Au XVIIIe siècle, les relations de société tiennent trop de place pour qu'on puisse la traiter aussi négligemment. Précisément parce que sa vie est toute mondaine, Rousseau lui applique la partie mondaine, si je puis dire, du programme de Montaigne. Il parle avec beaucoup de tact, et une finesse qu'on n'attendrait pas chez ce théoricien de la vie de nature, du rôle des femmes dans les salons, du charme qu'elles y apportent (1). Pour qu'elles puissent bien remplir cette tâche délicate, une grande connaissance des hommes leur est nécessaire. De plus la femme, étant moins forte que l'homme, ne peut le dominer que par son art, par sa subtilité d'esprit, par l'intelligence qu'elle acquiert des passions de son maître.

---

(1) T. IX, pp. 254, 256, etc.

« Il faut qu'elle étudie à fond l'esprit de l'homme, non par abstraction l'esprit de l'homme en général, mais l'esprit des hommes qui l'entourent, l'esprit des hommes auxquels elle est assujettie soit par la loi, soit par l'opinion... Ils philosopheront mieux qu'elle sur le cœur humain, mais elle lira mieux dans le cœur des hommes. C'est aux femmes à trouver, pour ainsi dire la morale expérimentale, à nous à la réduire en système (1). »

Quoique réservé à des fonctions plus hautes et à des devoirs plus nobles, l'homme est admis, lui aussi, quelque jour à connaître le monde. Il l'est par degrés, avec précaution, mais il l'est enfin complètement, plus complètement même que la femme, puisque pour elle il n'est pas question de visiter les pays étrangers. Avec l'histoire et les fables, le commerce des hommes, les voyages, comme Montaigne, Rousseau veut former les mœurs de son disciple autant ou plus que son esprit : il prétend rectifier ses idées et par là diriger sa conduite dans la vie. Comme pour l'enseignement intellectuel, voici que, pour la formation morale, après avoir été longtemps très différente, sa méthode semble se confondre avec celle de Montaigne. Mais sa morale a des exigences nouvelles. Dans ses relations avec les autres hommes Emile devra surtout faire preuve de générosité, d'altruisme. Quand il commence à frayer avec eux, la vertu

---

(1) T. IX, p. 263.

principale qu'on lui enseigne est la bienfaisance ; on l'habitue à penser sans cesse aux autres, à bâtir son propre bonheur du bonheur des autres (1). Pour triompher de l'égoïsme intellectuel, naturel à chacun de nous, qui est le principal obstacle à la justesse du jugement, qui fait que les choses prennent pour nous une valeur différente non d'après ce qu'elles sont, mais suivant l'intérêt que notre moi y trouve (2), qui veut que « l'universalité des choses » semble « souffrir aucunement de nostre aneantissement (3) », qui fausse entièrement notre appréciation des choses, Montaigne comptait sur la connaissance des hommes. Rousseau y compte, lui aussi, mais il estime que l'altruisme y servira plus encore. C'est lui qui empêchera Emile de s'imaginer « que le ciel et la terre sont intéressés à sa conservation (4) »... Il n'est pas possible, dit-il ailleurs, que prenant tant d'intérêt à ses semblables, il n'apprenne de bonne heure à peser et apprécier leurs actions, leurs goûts, leurs plaisirs, et à donner en général une plus juste valeur à ce qui peut contribuer ou nuire au bonheur des hommes, que ceux qui, ne s'intéressant à personne, ne font jamais rien pour autrui. Ceux qui ne traitent jamais que leurs propres affaires se passionnent trop pour juger

---

(1) Voir en particulier t. VIII, p. 448 et suivantes.
(2) Cf. surtout I, 26, éd. de Bordeaux, p. 204 et suiv., où Montaigne montre les conséquences de sa méthode pédagogique au point de vue de la formation du jugement.
(3) II, 13, éd. de Bordeaux, p. 371.
(4) T. VIII, p. 188.

sainement des choses. Rapportant tout à eux seuls, et réglant sur leur seul intérêt, les idées du bien et du mal, ils se remplissent l'esprit de mille préjugés ridicules, et, dans tout ce qui porte atteinte à leur moindre avantage, ils voient aussitôt le bouleversement de tout l'univers (1) ». L'analogie de l'expression souligne ici l'identité du but. Mais Montaigne et Rousseau n'y vont pas par les mêmes chemins. La morale de Montaigne, héritée des philosophes anciens, était une morale essentiellement individualiste. Rousseau ne s'en contente plus. Sa morale à lui est avant tout altruiste. Au XVIIIe siècle un mouvement se dessinait parmi les philosophes en faveur d'une morale moins égoïste. Quelques penseurs avaient remarqué qu'au bonheur individuel le bonheur des autres était nécessaire, et que la principale des vertus était la bienfaisance. Rousseau sentait et disait cette vérité avec toute la fougue de sa nature.

---

(1) T. VIII, p. 453.

CHAPITRE VII

De quelques autres réminiscences des *Essais*

Pour instruire complètement le procès il nous faut signaler encore dans l'*Emile* quelques réminiscences des *Essais*, qui, ne portant pas sur des questions pédagogiques, n'ont pas trouvé place dans les chapitres précédents. Nous en relèverons d'abord quelques-unes dans la *Profession de foi du vicaire savoyard*.

Je n'ai aucune intention d'exagérer l'influence de Montaigne sur les idées religieuses que Rousseau y expose. Je la crois à peu près nulle.

Nous avons vu (1) que Montaigne ne s'était pas préoccupé de réserver dans son programme une place à l'enseignement religieux. On est tenté de remarquer que Rousseau la fait petite et qu'il ressemble en cela à Montaigne, puisqu'il attend l'adolescence d'Emile avant de lui parler de Dieu.

---

(1) Cf., ci-avant, p. 58.

Mais pour Rousseau l'initiation religieuse est une chose grave à laquelle il réserve une solennité particulière. Il y cherche un frein puissant pour les passions humaines. S'il a tant attendu, c'est par respect pour des idées aussi saintes, c'est encore par souci de conserver entière la liberté religieuse de l'enfant. Il y a là une attitude très originale, très différente de celle de Montaigne.

Quant à la doctrine même du vicaire savoyard, elle est très éloignée de celle de Montaigne. Pour Rousseau, comme pour tout son siècle, Montaigne est un sceptique, il est le maître moderne du scepticisme. Pour ruiner les dogmes religieux et les systèmes philosophiques, dans sa lutte contre les prêtres et les raisonneurs, Rousseau pourra peut-être se souvenir quelquefois des leçons de Montaigne. Il s'oppose, comme Montaigne, à toutes les autorités et à toutes les affirmations de la pensée raisonneuse. Parmi tant de ruines, c'est sur le sentiment qu'il base sa croyance. Quand il voudra reconstruire, l'auteur de l'*Apologie de Sebonde* ne lui sera plus d'aucun secours.

Montaigne avait dit avant Rousseau que notre religion nous vient non du choix de notre esprit ou de notre cœur, mais de notre naissance, du pays que nous habitons, du hasard par conséquent. « Nous ne recevons nostre religion qu'à nostre façon et par nos mains, et non autrement que comme les autres religions se reçoyvent. Nous nous sommes rencontrez au païs où elle estoit en usage... Une autre religion, d'autres tesmoings; pareilles promesses et menasses nous pourroyent imprimer par mesme voye une croyance contraire. Nous sommes chrestiens à mesme titre que nous sommes ou Perigordins ou Alemans » (1). C'est dans la *Sagesse* de Charron, le disciple servile des *Essais*, que Rousseau a cherché l'écho de cette pensée. Il était piquant d'en trouver l'expression chez un prêtre beaucoup plus que chez un philosophe sceptique. Il cite les mots mêmes de la *Sagesse* : Les « religions sont, quoi qu'on die, tenues par mains et moyens humains ; tesmoing premierement la maniere que les religions ont été reçues au monde et sont encore tous les jours par les particuliers : la nation, le pays, le lieu, donne la religion : l'on est de celle que le lieu auquel on est né et elevé tient... » Les religions positives, qui toutes s'entre accusent de mensonge, n'ont pas plus de fondement les unes que les autres puisque ce n'est pas pour des raisons solides que nous allons à elles (2).

Si les religions sont vaines (3) les philosophies ne

---

(1) II, 12, éd. de Bordeaux, p. 149.
(2) T. IX, p. 76. Notez encore dans la citation de Charron faite par Rousseau les mots que voici : « la religion n'est pas de notre choix et election tesmoing. apres la vie et les mœurs si mal accordants avec la religion ? tesmoing que, par occasions humaines, et bien legere l'on va contre la teneur de sa religion ». Tout cela est encore imité du même passage de Montaigne.
(3) La religion catholique présente cette difficulté particulière qu'elle ne permet pas de faire un choix parmi les dogmes et de rejeter ceux que la raison approuve le plus difficilement. « Ou il faut se submettre du tout à l'authorité de nostre police eccle-

le sont pas moins. Montaigne est plus hardi contre les philosophes que contre les prêtres. Il a parlé de cette « mer vaste, trouble et ondoyante des opinions humaines » où la raison se perd et s'embarrasse, tournoyant et flottant » (1). Rousseau développe la même image pour exprimer son propre scepticisme en face de tant de systèmes philosophiques qui se disputent les esprits : « Je méditai sur le triste sort des mortels flottants sur cette mer des opinions humaines, sans gouver-

siastique, disait Montaigne, ou du tout s'en dispenser » (I, 27, éd. de Bordeaux, p. 236). Montaigne concluait de cette remarque qu'il faut tout admettre sans examen. Rousseau en tire cette conséquence qu'il ne faut rien admettre, et sans doute il se croit en cela d'accord avec Montaigne. « Ce qui redoublait mon embarras était qu'étant né dans une Église qui décide tout, qui ne permet aucun doute, un seul point rejeté me faisait rejeter tout le reste, et que l'impossibilité d'admettre tant de décisions absurdes me détachait aussi de celles qui ne l'étaient pas. En me disant, croyez tout, on m'empêchait de rien croire, et je ne savais plus où m'arrêter » (T. IX, p. 14). Les disputes de religion d'ailleurs, par lesquelles on choisit ordinairement entre les dogmes et l'on se décide entre les sectes, sont le plus souvent tout à fait vaines. Quand Rousseau nous dit de lui-même qu' « il avait vu dans la subtilité des vaines disputes le paradis et l'enfer mis pour prix à des jeux de mots » (T. IX, p. 4), ne se souvient-il pas d'une phrase célèbre de Montaigne : « La plus part des occasions des troubles du monde sont grammairiennes... Combien de querelles et combien importantes a produit au monde le double du sens de cette syllabe hoc » (II, 12, éd. de Bordeaux, p. 261). Une note de Coste expliquait à Rousseau que Montaigne faisait allusion ici à l'interprétation de la parole du Christ « Hoc est corpus meum », aux débats infinis qu'elle suscita entre catholiques et protestants, et dont l'enjeu était l'éternité. Nos deux philosophes expriment, au reste, la même défiance pour les discussions et disputes : (ROUSSEAU, t. IX, p. 107 ; MONTAIGNE, III, 8). « On n'éclaire par la dispute ni soi ni les autres ».

(1) II, 12, éd. de Bordeaux, p. 252.

nail, sans boussole, et livrés à leurs passions orageuses, sans autre guide qu'un pilote inexpérimenté qui méconnaît sa route, et qui ne sait ni d'où il vient ni où il va » (1). Quand le vicaire savoyard consulte les philosophes, feuillette leurs livres, examine leurs opinions, pour apprendre de sa longue étude qu'ils sont tous dogmatiques et présomptueux, mais n'établissent aucune vérité, il semble dégager la conclusion de l'*Apologie de Sebonde* (2). Il est encore d'accord avec Montaigne quand il déclare que « l'abus du savoir produit l'incrédulité (3) ». C'est que le but unique des philosophes, nous disent-ils l'un et l'autre, est de se signaler par la nouveauté de leurs idées, de satisfaire leur vanité (4).

Au reste, Dieu n'est pas concevable pour la raison humaine. Il la dépasse trop en tous sens. Il n'y a donc pas lieu de s'étonner si elle se trompe en le cherchant. « Nous disons bien, puissance, verité, justice : ce sont paroles qui signifient quelque chose de grand ; mais cette chose là nous ne la voyons aucunement, ny ne la concevons. Nous disons que Dieu craint, que Dieu se courrouce, que Dieu ayme,

      Immortalia mortali sermone notantes ;

---

(1) T. IX, p. 14.
(2) T. IX, p. 15.
(3) T. IX, p. 112. Montaigne dit cela partout dans l'*Apologie* ; voir surtout p. 206 et 249.
(4) Rousseau. t. IX, p. 15. Montaigne, II, 12, éd. de Bordeaux, p. 220, 9. « l'essentiel est de penser autrement que les autres »

ce sont toutes agitations et emotions qui ne peuvent loger en Dieu selon nostre forme, ny nous l'imaginer selon la sienne (1) ». « Quand nous disons que l'infinité des siècles, tant passez qu'avenir, n'est à Dieu qu'un instant ; que sa bonté, sapience, puissance, sont mesme chose avecques son essence, nostre parole le dict, mais nostre intelligence ne l'apprehende point. Et toutesfois nostre outrecuidance veut faire passer la divinité par notre estamine... (2) « Somme le bastiment et le desbastiment, les conditions de la divinité se forgent par l'homme, selon la relation à soy (3). » Rousseau fait, lui aussi, son procès à l'anthropomorphisme. « Dieu est éternel, sans doute, mais mon esprit peut-il embrasser l'idée de l'éternité ? Pourquoi me payer de mots sans idées ? ... » (4) Montaigne reprochait à l'homme de « ramener Dieu à sa mesure (5) », et « parce que nous ne pouvons estendre nostre veuë jusques en son glorieux siege, » de « l'avoir ramené ça-bas à nostre corruption et à nos miseres (6). » Rousseau

---

(1) II, 12, éd. de Bordeaux, p. 241).
(2) Ibidem, p. 263.
(3) Ibidem, p. 267.
(4) T. IX, p. 51
(5) II, 12, éd. de Bordeaux, p. 263.
(6) Ibidem p. 241. Rapprocher aussi le mot de Cicéron qu'il cite p. 248 : « Puisque l'homme desiroit tant de s'apparier à Dieu, il eust mieux fait de ramener à soy les conditions divines et les attirer ça-bas que d'envoyer là haut sa corruption et sa miseres ; mais, ajoute-t-il, à le bien prendre, il a fait en plusieurs façons et l'un et l'autre de pareille vanité d'opinion ».

reprend la même image : « Ne pouvant élever mes faibles conceptions jusqu'au grand Etre je m'efforçais de le rabaisser jusqu'à moi (1). »

Mais Montaigne était un philosophe comme les autres. Il était plus dangereux que les autres pour Rousseau qui le jugeait sceptique : un croyant en général prend son parti des croyances opposées plus aisément que du scepticisme. Il se retourne contre son allié pour l'écraser à son tour. Montaigne enlève toute valeur à la conscience morale : il n'y voit que la force de la coutume, un préjugé du milieu. Rousseau sent au contraire dans sa propre conscience une loi morale qui s'impose à l'homme dans tous les temps et dans tous les lieux. Il s'indigne contre ceux qui ne partagent pas son sentiment. « Ils font plus : cet accord évident et universel de toutes les nations, ils l'osent rejeter ; et, contre l'éclatante uniformité du jugement des hommes, ils vont chercher dans les ténèbres quelque exemple obscur et connu d'eux seuls ; comme si tous les penchants de la nature étaient anéantis par la dépravation d'un peuple, et que, sitôt qu'il est des monstres, l'espèce ne fût plus rien (2). Mais que servent au sceptique Montaigne les

---

(1) T. IX, p. 73.

(2) Notez cependant que Rousseau prétend faire usage de la méthode expérimentale qui était déjà celle de Montaigne. « Je n'ai pas renfermé mes expériences dans l'enceinte des murs d'une ville ni dans un seul ordre de gens ; mais, après avoir comparé tout autant de rangs et de peuples que j'en ai pu voir dans une vie passée à les observer, j'ai retranché comme artificiel ce qui était

tourments qu'il se donne pour déterrer en un coin du monde une coutume opposée aux notions de la justice ? que lui sert de donner aux plus suspects voyageurs l'autorité qu'il refuse aux écrivains les plus célèbres ? Quelques usages incertains et bizarres, fondés sur des causes locales qui nous sont inconnues, détruiront-ils l'induction générale tirée du concours de tous les peuples opposés en tout le reste, et d'accord sur ce seul point ? O Montaigne ! Toi qui te piques de franchise et de vérité, sois sincère et vrai, si un philosophe peut l'être, et dis-moi s'il est quelque pays sur la terre où ce soit un crime de garder sa foi, d'être clément, bienfaisant, généreux, où l'homme de bien soit méprisable et le perfide honoré (1). »

Nier la conscience morale, c'est ôter à l'homme la connaissance du bien et du mal puisque (Montaigne l'a démontré) cette connaissance ne peut venir de la raison, c'est le priver de sa dignité et le ravaler à la condition des animaux. C'est Montaigne encore sans doute que, cette fois sans le nommer, il a dans l'esprit quand il écrit le passage que voici : « Après avoir découvert ceux des attributs de Dieu par lesquels je conçois son existence je reviens à moi, et je cherche quel rang j'occupe dans

---

d'un peuple et non pas d'un autre, d'un état et non pas d'un autre, et n'ai regardé comme appartenant incontestablement à l'homme, que ce qui était commun à tous, à quelque âge, dans quelque rang, et dans quelque nation que ce fût. (T. VIII, p. 457).

(1) T. IX, p. 67.

l'ordre des choses qu'elle gouverne et que je puis examiner. Je me trouve incontestablement au premier par mon espèce, car, par ma volonté et par les instruments qui sont en mon pouvoir pour l'exécuter, j'ai plus de force pour agir sur tous les corps qui m'environnent ou pour me prêter ou me dérober comme il me plait à leur action, qu'aucun d'eux n'en a pour agir sur moi malgré moi par la seule impulsion physique, et, par mon intelligence, je suis le seul qui ait inspection sur le tout. Quel être ici-bas, hors l'homme, sait observer tous les autres, mesurer, calculer, prévoir leurs mouvements, leurs effets, et joindre, pour ainsi dire, le sentiment de l'existence commune à celui de son existence individuelle ? Qu'y a-t-il de si ridicule à penser que tout est fait pour moi, si je suis le seul qui sache tout rapporter à lui ? Il est donc vrai que l'homme est le roi de la terre qu'il habite, car non seulement il dompte tous les animaux, non seulement il dispose des éléments par son industrie, mais lui seul sur la terre en sait disposer... (1).

C'est bien Montaigne en effet, qui s'indigne qu'une

---

(1) T. IX. p. 35. Mon ami Maurice Masson a montré dans un très intéressant article (*Revue d'Histoire littéraire de la France*, 1911, p. 122) que l'invective qui suit ce passage est probablement dirigée contre Helvetius. Mais cette invective qui, ainsi que plusieurs phrases également dirigées contre Helvetius ne figure pas dans l'une des premières rédactions de l'*Emile*, a certainement été insérée dans la *Profession* postérieurement au texte que je viens de citer. Celui-ci a donc été sans doute écrit avant l'époque où Rousseau a lu le livre *De l'Esprit*, et il me paraît que c'est Montaigne qu'il vise bien plutôt qu'Helvetius.

si « miserable et chetive creature » que l'homme se proclame « maistresse et emperiere de l'univers », qu'il s'attribue « ce privilège… d'estre seul en ce grand bastiment qui ayt la suffisance d'en recognoistre la beauté et les pieces, seul qui en puisse rendre grâces à l'architecte… » L'*Apologie de Sebonde* prétend ramener l'homme au niveau des autres animaux. Les conclusions de l'*Apologie* ne peuvent convenir à Rousseau, il n'en accepte que la critique des systèmes philosophiques. Mais que prouvent ces allusions ? Que l'attitude philosophique de Montaigne était présente à l'esprit de Rousseau quand il a écrit la *Profession de foi du vicaire savoyard*, rien de plus. Les rapprochements que nous avons pu indiquer, et qu'on pourrait multiplier peut-être, portent sur des concepts trop généraux pour qu'il soit question d'emprunts. Si Rousseau emprunte quelque chose à Montaigne, ce sont des expressions plus que des idées. Sans doute Montaigne a aidé Rousseau, comme tous les philosophes du XVIIIe siècle, à se dégager du joug du dogmatisme. Rousseau avait même plus que les autres besoin de ses leçons : il lui fallait jeter le discrédit sur toutes les conclusions de la raison ratiocinante avant de proposer sa méthode intuitive. Mais il s'attarde peu à la critique de la raison, que Kant fera bientôt d'une manière si magistrale ; il est tout occupé de la partie constructive de sa doctrine, et là il ne rencontre Montaigne que comme un adversaire.

En dehors de la *Profession de foi du vicaire savoyard* signalons quelques idées encore empruntées par Rousseau à Montaigne. « Dans l'état social, dit-il, le bien de l'un fait nécessairement le mal de l'autre » (1). C'est la leçon que Montaigne établit dans le vingt-deuxième essai du premier livre. Nous l'avons déjà rencontrée dans un autre écrit de Rousseau (2), et là le contexte ne nous a pas permis de douter que cette idée n'ait été suggérée par la lecture des *Essais*.

« Il n'y a point... de vertu sans combat », dit-il encore quelque part. « Le mot de vertu vient de force, la force est la base de toute vertu. La vertu n'appartient qu'à un être faible par sa nature, et fort par sa volonté. C'est en cela seul que consiste le mérite de l'homme juste, et quoique nous appelions Dieu bon, nous ne l'appelons pas vertueux, parce qu'il n'a pas besoin d'effort pour bien faire. » Cette phrase est un écho direct d'un passage de Montaigne que voici : « Il semble que le nom de vertu presuppose de la difficulté et du contraste, et qu'elle ne peut s'exercer sans partie. C'est à l'aventure pourquoy nous nommons Dieu bon, fort, et liberal, et juste, mais nous ne le nommons pas vertueux : ses operations sont toutes naifves et sans effort » (3). Et Montaigne rappelle ailleurs (4) l'étymologie du mot vertu dont Rousseau fait mention.

---

(1) T. VIII, p. 149.
(2) Voir ci-dessus p. 150.
(3) II, 11, éd. de Bordeaux, p. 120.
(4) I, 20, éd. de Bordeaux, p. 101.

Tous les deux estiment que si les hommes étaient immortels ils seraient très misérables (1). Montaigne cite à ce sujet l'autorité de Chiron qui refusa le privilège d'être dispensé de la mort, et Rousseau demande « si on nous offrait l'immortalité sur la terre, qui est ce qui voudrait accepter ce triste présent ? » Tous deux jugent que, comme dit Rousseau, le bonheur de l'homme « n'est qu'un état négatif », et l'on doit le « mesurer par la moindre quantité des maux qu'il souffre », ou, comme dit Montaigne, que « nostre bien estre ce n'est que la privation d'estre mal » (2). Tous deux pensent que, comme dit Rousseau, « on ne goûte dans la vie aucun sentiment pur » ou, comme écrit Montaigne, que « nous ne goustons rien de pur » (3). Après Montaigne, Rousseau déclare qu'il écrit non pour excuser ses fautes, mais « pour empêcher ses lecteurs de les imiter » (4).

Je pourrais poursuivre, mais nous voici dans le domaine des idées morales qui sont à tout le monde et pour lesquelles il est bien difficile d'établir des titres de propriété. Parmi les rapprochements que je viens de signaler, les deux premiers seuls trahissent des réminiscences incontestables. Les *Essais* étaient un arsenal d'idées sur l'homme.

---

(1) Rousseau, t. VIII, p. 99, Montaigne I, 20, éd. de Bordeaux, p. 118.
(2) Rousseau, t. VIII, p. 95 ; Montaigne II, 12, éd. de Bordeaux, p. 2138.
(3) Rousseau, t. VIII, p. 95, Montaigne II, 20, titre.
(4) Rousseau, t. VIII, p. 343 ; Montaigne, III, 8, au début.

Chacun y alimentait sa réflexion morale. Rousseau y a certainement enrichi sa méditation : tout ce que nous avons vu de ses relations avec Montaigne ne nous permet pas d'en douter.

Les *Essais* étaient encore un arsenal de faits et d'exemples. Avant Rousseau Montaigne avait noté que dans certaines nations les femmes accouchent sans douleur (1), il avait commenté l'attitude d'Alexandre en face de son médecin Philippe (2), la leçon de sagesse donnée par Cinéas au roi Pyrrhus (3), la conduite de Catulus Luctatius fuyant avec son armée en déroute (4). Mais le premier de ces faits est vulgaire, les trois autres se trouvent chez Plutarque aussi bien que chez Montaigne. En voici deux, en revanche, pour lesquels Rousseau fait connaître lui-même sa source : « Montaigne dit qu'il demandait un jour au seigneur de Langey combien de fois, dans ses négociations d'Allemagne, il s'était enivré pour le service du roi ». (5) « Entre autres exemples de chasteté connus, le père de Montaigne, homme non moins scrupuleux et vrai que fort et bien constitué, jurait s'être marié vierge à 33 ans, après avoir servi longtemps dans les guerres d'Italie ; et

---

(1) Rousseau, t. IX, 210, Montaigne, I, 14, éd. de Bordeaux p. 70, et I, 23, p. 144 ;

(2) Rousseau, t. VIII, p. 160 ; Montaigne, I, 24, p. 169.

(3) Rousseau, t. VIII, p. 432 ; Montaigne, I. 42, fin.

(4) Rousseau, t. VIII, p. 440 ; Montaigne, I. 41, p. 331.

(5) T. VIII, p. 157. Rapprocher Montaigne I. 26 p. 216. Montaigne ne nomme pas le seigneur de Langey, mais une note de Coste le désigne.

l'on peut voir dans les écrits du fils quelle vigueur et quelle gaieté conservait le père à plus de soixante ans (1) ». J'y joindrai, sans grand risque de me tromper, cet autre fait de même espèce qui se trouve à la même page et que Montaigne avait pris à César : chez les Germains, un jeune homme qui perdait sa virginité avant cet âge (20 ans) en restait diffamé : et les auteurs attribuent, avec raison, à la continence de ces peuples durant leur jeunesse la vigueur de leur constitution et la multitude de leurs enfants (2) ». Rousseau ne semble guère lire Diogène Laerce. Je crois bien qu'il n'est pas allé chercher chez Diogène la remarque d'Empédocle que voici, et qu'il l'a prise simplement dans son Montaigne : Empédocle reprochait aux Agrigentins d'entasser les plaisirs comme s'ils n'avaient qu'un jour à vivre, et de bâtir comme s'ils ne devaient jamais mourir (3) ». Tous ces faits valent par les réflexions morales que Montaigne y épingle et portent instruction.

Trois citations de divers auteurs enchâssées par Montaigne dans les *Essais* se retrouvent dans l'*Emile*. L'une d'elles, qui est en vers français, peut venir directement de la traduction de Plutarque par Amyot (4) ; pour les deux autres, au contraire,

---

(1) T. VIII, p. 121; rapprocher Montaigne II, 2, p. 15.
(2) Rapprocher Montaigne, II, 8, p. 76.
(3) T. IX, p. 188 ; Montaigne, II, 1, p. 4.
(4) Rousseau, t. VIII, p. 463 ; Montaigne, I, 56, p. 445.

l'une d'Horace et l'autre d'Ovide, je crois, sans l'assurer, que les *Essais* en sont la source (1).

Enfin, à tant d'expressions et de termes caractéristiques que nous avons vus passer de Montaigne chez Rousseau, il serait aisé d'en ajouter quelques autres : Rousseau parle quelque part de « s'imboire des préjugés » des hommes (2). Qui saura combien le verbe « s'imboire », le participe imbu excepté, est rarement employé, sera bien tenté d'y voir une réminiscence du mot de Montaigne que voici : « Il faut qu'il emboive leurs humeurs (3) ». Rousseau se moque des bonnes qui ne savent pas endormir les enfants : « Quand l'enfant est couché et que de son babil il ennuie sa bonne, elle lui dit, dormez ; c'est comme si elle lui disait, portez-vous bien quand il est malade (4) ». Montaigne usait de la même ironie envers ceux qui lui conseillaient la sagesse. « Je voy la raison de cet advertissement, et la voy tresbien ; mais on auroit plustost faict, et plus pertinemment de me dire en un mot : soyez sage... ainsi fait le medecin qui va criaillant après un pauvre malade languissant qu'il se resjouysse : il lui conseilleroit

---

(1) ROUSSEAU, t. VIII, p. 470 ; MONTAIGNE, III, 10, éd. Jouaust, VI, p. 217, citation d'Horace, *Odes* II. 1 vers 7 ; ROUSSEAU, t. IX, p. 274, MONTAIGNE, II, 16, éd. de Bordeaux, p. 403, citation d'Ovide, *Amours*, III. 4.

(2) T. VIII, p. 160.

(3) I, 26, éd. de Bordeaux, p. 196. Dans le dictionnaire de Littré et dans le dictionnaire général de Hatzfeld, le seul exemple de « s'imboire » qui soit donné est celui de Rousseau.

(4) T. VIII, p. 202.

un peu moins ineptement, s'il luy disoit : soyez sain (1) ». Chez tous les deux le caméléon sert à figurer l'inconstance et la mobilité des hommes (2). Pour l'un comme pour l'autre le « muletier » est le type de l'amoureux sensuel (3).

De tout cela nous ne voulons tirer qu'une idée, ou plutôt la confirmation d'une hypothèse qui s'est présentée d'elle même à notre esprit au cours des chapitres précédents. C'est que vers 1760 encore les *Essais* de Montaigne sont présents à la pensée de Rousseau. Des réminiscences de détail se glissent sous sa plume. Comme dans les écrits précédents il apparaît que son esprit s'en est nourri. Rousseau ne s'est pas contenté de relire, au moment où il composait l'*Emile*, l'essai *De l'institution des enfans* pour en tirer profit. Le lien qui l'unit à Montaigne est évidemment plus étroit. S'il en était ainsi nous ne trouverions pas dans l'*Emile* des réminiscences de tant d'essais divers, des réminiscences aussi fugitives et probablement inconscientes. Montaigne est sans aucun doute l'un des principaux maîtres auprès desquels la pensée de Rousseau s'est formée.

---

(1) III. 9, éd. Jouaust, t. VI, p. 101.
(2) ROUSSEAU, t. IX, p. 210, MONTAIGNE, II. 1, éd. de Bordeaux, p. 3. Il est vrai que l'image est chez Plutarque, *Comment on peut discerner le flatteur d'avec l'ami*, par. 5.
(3) ROUSSEAU, t. IX, p. 186. MONTAIGNE II. 12, p. 212, et aussi II. 1, p. 5. Il faut ajouter toutefois que le même trait se retrouve dans les *Contes* de Boccace et de La Fontaine.

CHAPITRE VIII

Conclusion

Résumons les constatations successives que nous avons faites.

En 1740, Rousseau consigne en quelques pages ses idées pédagogiques dans son *Projet d'éducation pour Monsieur de Sainte Marie*. Remarquons que cet écrit mérite notre attention, il nous présente sans doute bien sa conception d'alors; Rousseau n'est plus un tout jeune homme, il a déjà vingt-huit ans, il exerce ses fonctions de précepteur depuis six mois, il doit réfléchir quotidiennement aux problèmes pédagogiques, et il nous expose la méthode qu'il emploie avec ses élèves. Or cette méthode, dans ses grandes lignes, est tout à fait celle de Montaigne et de Locke. L'exposé étant volontairement bref et sec à la manière d'un plan, nous ne pouvons pas espérer que des citations ou des confidences trahissent cette origine, mais les théories sont tout à fait les mêmes.

Vingt ans plus tard la position de Rousseau est absolument changée.

La transformation vient du système philosophique qu'il a construit entre temps. Il veut suivre la nature, qui est bonne, faire mener à l'enfant la vie de la nature. Ce n'est pas que Montaigne se soit proposé un but différent, mais nulle maxime n'est plus flexible que celle-là. Les stoïciens s'en recommandaient aussi bien que les épicuriens. Rousseau l'entend autrement que Montaigne. Par exemple, l'idée de nature, chez Rousseau, le plus souvent exclut l'idée de société; chez Montaigne elle est plus compréhensive, et la vie sociale est conçue comme une conséquence de la nature humaine.

Du précepte de se soumettre à la nature telle qu'il la conçoit, Rousseau déduit trois concepts : les concepts de l'éducation intégrale, de l'éducation progressive et de l'éducation négative. Pour donner à Emile une éducation intégrale, Rousseau a cru devoir ajouter au programme de culture physique élaboré par Montaigne et par Locke la culture rationnelle des sens. En vertu du principe d'éducation progressive, il a reculé jusqu'à un âge avancé le développement de l'intelligence et l'acquisition des idées morales qui, chez Montaigne et chez Locke, commençait avec la première enfance. En conséquence du principe d'éducation négative, il s'est contenté, durant les premières années de tenir l'enfant à l'abri des exemples, tandis que Locke et Montaigne formaient ses mœurs.

A cette première cause de transformation s'en ajoute une autre : l'influence du temps auquel

Rousseau écrivait. Près de deux siècles s'étaient écoulés depuis l'époque où Montaigne traçait son programme d'éducation pour le jeune vicomte de Gurson. Le XVIIIe siècle s'est signalé surtou par l'épanouissement des sciences physiques et naturelles. De là le souci chez Rousseau, qui ne les avait pas oubliées en 1740, de leur faire dans l'*Emile* une place plus importante encore : elles seront la matière des premières leçons de l'enfant et joueront le rôle éducateur que remplissaient les idées morales dans le système de Montaigne. Au XVIIIe siècle, grâce au développement de la vie mondaine, la femme s'était acquis depuis longtemps déjà une place importante dans la société. Aussi Rousseau consacre-t-il un livre entier à l'éducation féminine, que Montaigne négligeait de propos délibéré. Au XVIIIe siècle encore s'élabore une morale sociale, et les philosophes cherchent un fondement rationnel aux devoirs envers le prochain, que la religion seule avait commandés jusqu'alors. Rousseau, qui en sent plus que tout autre l'impérieuse nécessité, enseignera avant tout la bienfaisance à son Emile, tandis que la morale de Montaigne était occupée presque exclusivement des devoirs de l'homme envers lui-même.

Supprimez par la pensée ces modifications qui viennent de l'esprit de système et de l'influence ambiante, vous retrouverez dans l'*Émile* beaucoup d'éléments de la pédagogie de Montaigne. Nous avons constaté que l'éducation morale de l'enfant est dominée par une philosophie de la nature qui est celle de Montaigne. La formation de l'intelligence et l'acquisition des idées morales par le contact du monde, l'étude de l'histoire et les voyages, reparaissent intégralement chez Rousseau : l'âge seul du disciple, au moment de les entreprendre, et le degré de confiance du précepteur sont changés. Enfin le programme d'éducation physique de Montaigne, complété par Locke, passe entièrement dans l'*Emile*. Nous retrouvons encore de part et d'autre, avec des modifications superficielles, la confiance dans l'éducation privée, le principe d'utilité, le souci d'élever l'enfant en toute liberté et en joie, de recourir toujours à l'expérience, de développer le jugement plus que la mémoire, etc. Rien n'est pris à Montaigne, si l'on veut, en ce sens que tout semble découler du système de Rousseau, que tout y est adapté, toutes les idées communes avec Montaigne ont pris l'inflexion particulière que le système demandait. Mais, en somme, dans l'*Emile* nous reconnaissons sans peine, subordonnées aux principes nouveaux, les théories pédagogiques de 1740, et les théories de 1740 étaient celles de Montaigne et de Locke.

Il serait piquant d'ajouter que le système philosophique lui-même en vertu duquel Rousseau a modifié ses théories vient de Montaigne, qu'il a pris chez Montaigne les idées dont il s'est servi pour corriger Montaigne. Nous avons vu que cela ne serait pas absolument exact, que le système philosophique de

Rousseau a pris ailleurs racine. N'oublions pas pourtant que Montaigne a contribué à le former, que l'impulsion première vient de lui, qui sait ? que sans Montaigne peut-être le premier discours de Dijon n'aurait pas été écrit. Et si le premier discours de Dijon n'avait pas été écrit, Rousseau aurait-il construit son système ?

On pourrait encore soutenir, à la rigueur, que Rousseau ne doit pas d'idées à Montaigne, que Montaigne a seulement confirmé des idées qu'il avait élaborées en propre, que ses doctrines pédagogiques étaient toutes formées quand il les a rencontrées dans les *Essais*. Aucune démonstration ne viendrait jamais établir scientifiquement le contraire. Nos analyses ne peuvent pas pénétrer le mystère des esprits où les concepts se créent et se défont. Nous ne pouvons que proposer des hypothèses, et nos hypothèses ne serrent pas de près la réalité. Jamais nous ne déterminerons la part propre de Rousseau, jamais nous ne dirons jusqu'où il s'était avancé par sa seule réflexion, dans quelle mesure Montaigne a complété ou fortifié ses vues. Remarquons cependant qu'en 1740, lorsqu'il écrivait son plan d'éducation tout à fait à la manière de Montaigne, Rousseau n'avait pas encore fait preuve d'originalité, et qu'il n'en montra pas de longtemps ; que dans tous ses écrits successifs nous avons retrouvé des réminiscences de Montaigne, que dans l'*Emile* encore (le chapitre précédent a achevé de nous le montrer) nous rencontrons partout des allusions aux parties les plus diverses de ce petit monde d'idées si complexe que constituent les *Essais*. Des souvenirs s'en présentent sans cesse à son esprit, spontanément, sans qu'il les distingue de sa propre pensée. N'y a t-il pas là de fortes présomptions pour croire qu'il a lié un commerce intime avec Montaigne, qu'il s'est pénétré des *Essais* dès le séjour des Charmettes, et y est souvent revenu depuis, et que dans ce commerce, entretenu seulement par le plaisir qu'il y prenait, par le profit que sa pensée en tirait, ses idées se dégageaient et se fortifiaient peu à peu, sans que lui-même eût pu dire ce qui venait de lui et ce que lui suggéraient ses lectures ? On objectera que quelques-unes des idées que Rousseau semble devoir à Montaigne s'expliquent fort bien par son caractère et par les circonstances de sa vie. Cela s'entend, les idées ne germent, comme les semences, que dans un terrain disposé à les recevoir. Quelquefois, le terrain n'offre que parcimonieusement les sucs nécessaires, quelquefois il en est saturé si bien que le germe, rapidement levé, produit des fruits inespérés. Parmi les causes qui ont aidé Rousseau à dégager ses théories pédagogiques, je crois que la lecture des *Essais* est l'une des principales.

Il existe, au reste, bien des manières d'accepter des idées. Celle de Rousseau est des moins passives ; il réagit, il critique, il rejette avec force, il adapte il transforme. Pour nous en convaincre nous n'avons eu qu'à comparer le plan d'éducation de M. de Sainte-Marie avec l'*Emile*, et à mesurer le travail qui s'est accompli de l'un à l'autre.

Il était naturel que Montaigne, Locke et Rousseau se prêtassent main-forte, car tous trois ont travaillé à la même tâche. Ils ont repris l'œuvre que Rabelais avait entamée avant eux et défendu les droits de la « bonne nature » contre l'éducateur. Malgré la différence des temps, dans l'ensemble, c'étaient bien les mêmes erreurs qui appelaient leur attention. Ils ont combattu l'éducation issue de la tradition chrétienne, qui juge la nature pervertie, et estime nécessaire de la contraindre. Beaucoup plus encore ils ont eu à réagir contre les défauts habituels dans lesquels l'éducation retombe presque fatalement. Les nécessités de la pratique obligent à élever les enfants en commun dans des collèges, et ne permettent qu'exceptionnellement de leur donner une éducation privée. A mesure qu'ils se groupent davantage, il devient de plus en plus difficile d'adapter l'éducation aux natures individuelles, et une règle uniforme s'impose à tous. Bien plus, même dans l'éducation privée, mais surtout dans les collèges, il est malaisé de former les enfants à la pratique de la vie et facile de les charger de science; à l'expérience des choses se substitue l'expérience des livres, qui n'en est qu'une image affaiblie et souvent fausse, à la formation du cœur et du jugement, qui suppose un travail minutieux et délicat, la surchage de la mémoire.

Et la science, qui s'éloigne de plus en plus des choses, les livres, qui se multiplient, la culture de la mémoire envahissent peu à peu toute l'éducation au point d'en paraître l'objet et non plus le moyen, et d'en faire oublier la fin réelle, qui est la formation de l'homme et son adaptation au milieu social. Il est utile que de temps en temps on vienne rappeler aux éducateurs le but à poursuivre, nous redire que l'abus de la mémoire risque d'engourdir les facultés plus nécessaires, que l'excès des livres peut émousser le sens pratique et prépare mal à l'action, que la science ne doit être pour nous qu'un moyen d'agir, que les collèges ne sont qu'un pis aller nécessaire, et qu'il faut avoir sans cesse présent le souci d'en corriger les défauts.

Tous les trois, Montaigne, Locke et Rousseau, ont répété cela à tour de rôle, chacun à sa manière. Aux procédés en vigueur ils ont opposé un système idéal, ou tout au moins un système d'exception dans lequel la plupart des éducateurs n'ont pu voir qu'un idéal. Chacun d'eux y a reflété les tendances de son milieu et ses préoccupations personnelles. Chez Montaigne, le gentilhomme de la Renaissance, on retrouve surtout l'idéal de la sagesse ancienne qui cherche à ressusciter, et l'idéal de l'honnête homme qui aspire à naître et que l'auteur appelle au jour de toutes ses forces. L'Anglais Locke joint à ces éléments un sens très avisé du réel par ses remarques pratiques, par les détails précis grâce auxquels il complète les vues de son devancier, par son souci d'enseigner un métier manuel à son gentilhomme, de le mettre en mesure de tenir des livres de compte. Chez Rousseau, avec la place nouvelle donnée aux sciences, à l'altruisme, à la femme, nous avons la réaction contre la vie de société qui s'est développée jusqu'à l'excès et contre l'idéal de l'honnête homme qui s'est affadi avec le temps, et l'implacable logique d'un esprit déducteur qui procède par postulats et conséquences. En dépit de ces différences, il est aisé de reconnaître dans ces trois théories les linéaments essentiels d'une même doctrine. La persistance des défauts auxquels elles s'opposaient, a créé entre elles une sorte de parenté qui leur a permis de subir l'influence les unes des autres, et, pour ainsi dire, de se transmettre un héritage commun.

TABLE

	Pages
Avant-Propos.	VII
Note Bibliographique	XI

PREMIÈRE PARTIE

L'Influence des Idées Pédagogiques de Montaigne sur celles de John Locke

Chapitre I.	Montaigne et Locke.	1
Chapitre II.	Les pensées sur l'éducation. Critique des méthodes en usage.	21
Chapitre III.	La culture physique.	47
Chapitre IV.	La culture morale	55
Chapitre V.	La culture intellectuelle . . .	74
Chapitre VI.	Conclusion.	93

DEUXIÈME PARTIE

L'Influence de Montaigne et de Locke sur les Idées Pédagogiques de Rousseau

		Pages
Chapitre I.	Le projet d'éducation de M. de Sainte-Marie.	107
Chapitre II.	Du projet d'éducation de M. de Sainte-Marie à l'Émile.	119
Chapitre III.	L'Émile ; les principes généraux.	155
Chapitre IV.	La culture physique.	171
Chapitre V.	L'enseignement intellectuel et pratique	189
Chapitre VI.	L'éducation morale	213
Chapitre VII.	De quelques autres réminiscences des Essais.	243
Chapitre VIII.	Conclusion.	259
Table		270

www.ingramcontent.com/pod-product-compliance
Lightning Source LLC
Chambersburg PA
CBHW050647170426
43200CB00008B/1185